Didier Nordon

Illustrations de Matyo

Vous reprendrez bien un peu de vérité ?

BELIN • POUR LA SCIENCE

8, rue Férou - 75278 Paris cedex 06
www.editions-belin.com www.pourlascience.com

Du même auteur aux éditions Belin-Pour la Science :

• *Des cailloux dans les choses sûres*,
collection « Regards sur la science », 1997.

• *Deux et deux font-ils quatre ? Sur la fragilité des mathématiques*,
collection « Regards sur la science », 1999.

• *Les obstinations d'un mathématicien*,
collection « Regards sur la science », 2003.

• Avec Matyo, *Le ZYXaire des sciences*,
collection « Regards sur la science », 2003.

 ISSN 1773-8016 ISBN 978-2-84245-086-1

TABLE DES MATIÈRES

Avant-propos

Trop de vérité tue la vérité !

Il se publie, paraît-il, plus de deux millions d'articles scientifiques par an. Tous, sans doute, ne sont pas destinés à faire date, mais tous prétendent dévoiler un peu de l'inépuisable vérité du monde. Là est, en principe, ce qui les distingue des articles généraux, lesquels donnent des informations. Même si ces dernières sont exactes, elles n'ont pas le statut de vérité dite sur le monde. Elles nous sont proposées, et nous avons le droit de ne pas y prêter attention si le sujet qu'elles traitent ne nous intéresse pas.

Pareille liberté de choix n'est pas de mise quand la vérité est en jeu. Face à la vérité, on ne se dérobe pas. « Vérité. Ce à quoi l'esprit peut et doit donner son assentiment » (*Grand Robert*, 2001). Voilà ce qui s'appelle une injonction ! La vérité est comme la loi. Nul n'est censé l'ignorer. Par conséquent, les deux millions d'articles qui paraissent chaque année, nous pouvons et nous devons, tous autant que nous sommes, soit leur donner notre assentiment, soit les rejeter comme erronés. Bigre ! Cela fait quatre articles à examiner par minute. Parviendrons-nous à tenir le rythme ?

Dans la réalité, bien sûr, le mot vérité a perdu le sens exigeant que lui attribue le dictionnaire. Les vérités scientifiques n'ont désormais guère plus de crédit que les informations. Chacun s'intéresse, selon ses goûts et ses aptitudes, à une proportion infime de ces vérités, et reste étranger aux autres. D'où un paradoxe : plus nombreuses sont les vérités énoncées sur le monde, plus l'individu a le sentiment que le monde lui devient inconnu.

L'emballement scientifique ne semble pas plus maîtrisable que les emballements médiatiques. Le « Bloc-Notes » du mensuel *Pour la Science*, dont ce livre propose une sélection, prend le parti de sourire de la situation et de certains autres embarras. Quoique publiés dans une revue scientifique, les textes qui suivent ne sont pas scientifiques. Ce serait un comble, que de regretter le flot débordant de vérités que nous ne parvenons plus à absorber, et de venir ensuite en formuler quelques-unes de plus !

Didier Nordon
www.didiernordon.org

La moitié peut-être de l'activité ancestrale de l'humanité consiste à apprendre à se méfier de la nature et à inventer des parades contre elle, sans cependant jamais pouvoir la vaincre. (L'autre grande activité humaine étant la guerre). Les maisons protègent de la pluie et du soleil, mais cèdent parfois à ces autres phénomènes naturels que sont la foudre et les séismes. La médecine, l'hygiène, et autres artifices, luttent contre la tendance naturelle de l'homme à attraper des maladies qui le font mourir jeune, mais échouent devant l'ultime fatalité naturelle qui l'attend. La nature mêlant sans la moindre précaution l'aliment et l'ordure, le remède et le poison, le sain et le pourri, c'est à l'élevage et à l'agriculture qu'il revient de fournir des aliments moins indigestes que ces fameuses baies dont, paraît-il, se nourrissent les aventuriers perdus loin de tout.

Bref, pour qui ne voit pas le monde à l'envers, le mot « nature » ne peut qu'évoquer l'effroi, le danger, la violence. Eh bien, il faut croire que nous le voyons à l'envers, le monde. Quand les voix enjôleuses des publicités susurrent : « C'est naturel », nous entendons : « C'est bon pour nous ». Mis en confiance par ce mot magique, nous courons acheter crèmes de beauté, yaourts, vêtements, voire détergents, garantis « naturels ». Quelle expression de rancœur irréfléchie contre notre civilisation, que d'aspirer à « retrouver l'harmonie avec la nature », alors que, en vérité, la nature est la dysharmonie même !

Le poulet aux hormones, moins naturel que l'ammanite phalloïde, reste plus sain.

La chute d'une pomme et les marées – ça n'a rien à voir. Avoir mal à la tête et suçoter un bout d'écorce de saule blanc – ça n'a rien à voir. Être né sous la conjonction de Saturne avec Jupiter sous ascendant gémeaux et avoir de la chance dans la vie – ça n'a rien à voir.

Hé bien, si. Dans les deux premiers cas, si étrange cela soit-il, ça a à voir. La gravitation explique des phénomènes aussi disparates que le mouvement de la pomme et celui de la mer. L'aspirine concentre des principes actifs présents dans certaines plantes. La troisième mise en relation toutefois, ni plus ni moins farfelue en apparence que les autres, sera, elle, acceptée par un astrologue mais pas par un scientifique moderne. En l'occurrence, la tâche est plus simple pour l'astrologue que pour le scientifique. En effet, affirmer que deux phénomènes sont liés est plus facile que de démontrer qu'aucun rapport ne peut ni ne pourra jamais exister entre eux. Or les découvertes les plus excitantes pour l'esprit sont celles qui prennent deux phénomènes apparemment très éloignés, et réussissent à les mettre en relation.

Aimant toutes deux trouver un lien entre des phénomènes qui, *a priori,* semblaient étrangers, la science et l'astrologie, aujourd'hui sœurs ennemies après avoir été amies (jusques et y compris en la personne de Newton), sont, quoi qu'elles en aient, destinées à rester longtemps encore inséparables.

Le laps de temps entre une découverte et sa diffusion massive dans la société sous forme de nouveauté ne cesse de diminuer.

On le dit, on le répète. Presque chaque nuit pourtant, nous observons un contre-exemple évident : la Lune. Regardez-la. Voici trente ans que les hommes y sont allés. Est-elle colonisée ? Toujours pas. Du temps de Christophe Colomb, on était plus dégourdi. Trente ans après son voyage, il y avait nettement plus de Blancs dans les parages des Amériques qu'il n'y a aujourd'hui d'Hommes sur la Lune. Faut-il voir là une chance que les Sélénites ont et que les Amérindiens n'ont pas eue ?

Le progrès technique prouve que les hommes ne sont pas paresseux. Non seulement les inventeurs enfiévrés, prêts à sacrifier loisirs et santé dans l'espoir de quelque découverte, mais aussi la masse. Car une technique nouvelle ne peut se répandre que si les gens sont prêts à faire l'effort de s'initier. S'ils étaient paresseux, avant de s'astreindre à acquérir tant et tant de nouveaux savoir-faire, ils se demanderaient si tous en valent la peine. Pareille attitude ne serait peut-être pas plus mauvaise, d'ailleurs.

Contrairement aux affirmations des publicités, une technique nouvelle ne sert pas tant à faire gagner du temps qu'à en faire perdre : avant que l'initiation, avec ses cafouillages et ses énervements, soit rentabilisée, une nouvelle technique surgira et, à son tour, exigera une familiarisation plus ou moins longue et pénible.

Cela dit, perdre son temps tout en se croyant en train de préparer un avenir meilleur est un des exercices favoris de l'humanité. De fait, c'est une excellente façon de ne pas souffrir de la vacuité du présent, de ne même pas la percevoir. Alors, vive le progrès technique !

Du point de vue de la technique, quel bilan tirer du XXe siècle ? Posons la question autrement. Quels sont les objets techniques dont l'usage s'est répandu au cours du XXe siècle au point de peser sur nous tous, indépendamment de nos professions ou de nos personnalités, et de modifier sensiblement nos façons de vivre, d'influencer nos mœurs, nos croyances, nos pensées, etc. ?

Réponse : la voiture, l'avion, la radio, les télécommunications, le cinéma, la télévision, la pilule, les antibiotiques, l'électro-ménager, l'ordinateur, le nucléaire (civil et militaire), le laser, le transistor, la puce. Laissons pour l'instant de côté Internet, le génie génétique ou le téléphone portable, qui marqueront peut-être le XXIe siècle mais n'ont pas eu le temps de peser vraiment sur le XXe.

En tout, donc, une quinzaine d'innovations majeures. Pour un siècle si fier de ses progrès techniques, c'est étonnamment peu. Le XIXe siècle (électricité, chemin de fer, machine à vapeur, moteur, photographie, aspirine, vélo, vaccin, etc.) n'a pas à rougir, à côté. À moins que ma liste pour le XXe siècle ne soit par trop incomplète ?

En ces temps où nombre d'éditeurs pâtissent de la mévente générale du livre, republier un dithyrambe de Lamartine à la gloire de Gutenberg est héroïque. L'éditeur qui fait cela (Folle Avoine) est aussi crâne qu'un pendu entreprenant l'éloge de la corde qui le tient...

Mais lisons plutôt. Lamartine commence ainsi (p. 9-10) : « L'imprimerie rapproche et met en communication immédiate, continue, perpétuelle, la pensée de l'homme isolé avec toutes les pensées du monde invisible, dans le passé, dans le présent et dans l'avenir. On a dit que les chemins de fer supprimaient la distance ; on peut dire que l'imprimerie a supprimé le temps. (...) On peut hésiter à prononcer si une presse n'est pas autant un véritable sens intellectuel, révélé à l'homme par Gutenberg, qu'une machine matérielle. » Et il conclut (p. 91-2) : « Dans quelques années, un mot prononcé et reproduit sur un point quelconque du globe pourra illuminer ou foudroyer l'univers. La parole par le procédé perfectionné de Gutenberg sera redevenue, par la matière, aussi immatérielle que quand elle était seulement pensée. (...) L'esprit se trouble d'admiration devant les conséquences futures de ces inventions et devant ce règne prochain de l'idée par la parole ».

Quelle actualité ! Quelques mots à peine à changer çà et là, et il pourrait être signé de n'importe quel thuriféraire d'Internet ou du cyberespace. Les enthousiastes sont gens peu imaginatifs : d'un siècle à l'autre, la technique accélère mais leurs commentaires piétinent.

On ne sait pas encore ce que fera le XXIe siècle, on sait déjà ce qu'il ne fera pas. Par exemple – à moins de trouver le moyen de faire arriver les gens avant qu'ils ne soient partis - il n'abrégera pas le voyage de Paris à Pékin d'autant de temps que le XXe siècle l'a abrégé par rapport au XIXe : plusieurs mois au début du XIXe siècle, quelques heures à la fin du XXe. À défaut d'une diminution sensible en valeur absolue, peut-on s'attendre à une diminution relative ? Guère plus. Pour que, dans nos psychologies, le bouleversement soit aussi spectaculaire entre le XXIe siècle et le XXe qu'il l'a été entre le XXe siècle et le XIXe, il faudrait que la durée du trajet Paris-Pékin descende à quelque chose comme un quart d'heure, formalités et embarquement compris. N'y comptons pas. La vitesse des voyages, parions-le, ne va plus augmenter que de façon marginale.

Sans que la situation soit aussi nette, il est probable que le stockage des informations va buter sur le même genre de limitation. Les capacités actuelles sont quasi infinies. À supposer que le XXIe siècle les rende infinies pour de bon, cela ne changera probablement pas grand-chose de plus ni à nos vies ni aux possibilités qui nous sont offertes.

Le XXe siècle a hésité quant à l'image qu'il devait se faire de lui-même. Tantôt, il a proclamé avoir atteint la « fin de l'histoire ». Tantôt, confondant l'évolution de plus en plus rapide des techniques avec une évolution de plus en plus rapide des mœurs et des systèmes politiques (la seconde est pourtant loin d'avoir été aussi manifeste que la première), il a prétendu que l'histoire s'accélérait. Peut-être le XXIe siècle saura-t-il faire la synthèse entre ces analyses contradictoires. En vertu du théorème « qui n'avance pas recule », il est possible qu'il prenne le ralentissement de l'accélération des techniques pour un ralentissement tout court. Espérons donc la prochaine émergence d'une nouvelle idée reçue : l'histoire est en train de ralentir. Cela nous changera.

Pour être philosophe ou sociologue, on n'en est pas moins homme : on ne peut guère faire profession d'analyser la société sans espérer être le premier à y repérer quelque changement inouï. Suite à quoi, l'histoire – supposée équitable – retiendra votre glorieux nom.

Les observateurs de la société prolifèrent aujourd'hui. En conséquence, les révolutions capitales prolifèrent aussi. Nouvel âge industriel, modernisme, post-modernisme, surmodernité, néolibéralisme, monde virtuel, mondialisation, sacre du présent – Dieu sait combien d'auteurs se croient contemporains d'un bouleversement majeur dans l'histoire de l'humanité et se voient sous les traits de celui qui est parvenu à le déceler et à lui donner son nom à l'instant même où il naissait.

N'en déplaise à ces auteurs, la vérité est peut-être ailleurs. Qui sait si notre société, en fait, n'évolue pas de façon très banale ? Comme toutes les sociétés, elle apporte, période après période, une nouvelle touche à l'édifice bigarré entrepris par l'humanité depuis l'aube, et qui durera jusqu'à la fin. Série de

touches originales, certes, mais ni plus ni moins que les autres touches apportées par les diverses civilisations dans leur incroyable variété, leurs perpétuelles transformations. Dans le renouvellement des générations, le « jamais vu » est la norme. Rien n'est plus banal que d'être original.

En avançant cette thèse hardie, je ne renonce pas au droit inaliénable accordé à tout auteur de rêver qu'il passera à la postérité. J'espère bien rester dans l'Histoire Universelle des Idées et Concepts comme l'inventeur du banalisme, et comme celui qui a compris avant tout autre que ce terme caractérise la bannière sous laquelle doivent être rangées les « nouvelles donnes radicales » que notre société croit offrir tous les quatre matins à l'humanité ébahie.

Si vous savez ce qu'est un stencil, c'est soit que vous êtes savant, soit que, vieux, vous avez connu l'époque où ce moyen de reproduction des documents était en usage dans les bureaux. Aujourd'hui, l'objet comme le mot sont oubliés. Toutefois, si vous savez ce que sont une diligence, un boulet de canon, un parchemin ou une cotte de mailles, cela ne prouve ni que vous êtes savant ni que vous viviez déjà dans les siècles lointains où ces objets étaient utilisés !

Quoiqu'aussi vastes l'un que l'autre, le cimetière des mots et celui des objets ne sont pas hantés exactement par les mêmes spectres. En général, quand un objet disparaît, le mot qui le désigne disparaît aussi. C'est ainsi que seuls les érudits connaissent les mots astrolabe, heaume ou pennon et savent de quoi il s'agit. Parfois, cependant, le mot survit à l'objet et, des siècles après, reste encore dans les mémoires.

Quelle vertu permet à un mot de perdurer face à des circonstances auxquelles la plupart des autres mots ne résistent pas ? Voilà une question immense, belle comme un sujet de thèse. À condition, bien entendu, d'en arriver à bout avant que la pratique de la thèse ne soit tombée en désuétude et que le mot thèse lui-même n'ait disparu en laissant aussi peu de traces dans les esprits que n'en laisse aujourd'hui son ancêtre scolastique, la *disputatio*.

...Comme les Indiens d'Amérique, pour mieux les préserver. Je m'explique : quelle minutie est celle des archéologues, lorsqu'au cours d'une fouille ils découvrent un objet ancien ! Quelle méticulosité, ensuite, lorsqu'ils archivent l'objet dans une collection de musée ou de laboratoire ! À juste titre : protégé par la terre et les hasards des conditions naturelles, l'objet, parfois, avait traversé des millénaires et des millénaires avant de nous parvenir. C'est bien le moins que de ne pas l'abîmer par des manipulations désinvoltes.

Restons pourtant sans illusion. Une fois inséré dans le circuit des hommes, l'objet affronte tous les risques. Guerres, pillages, vols, pertes, accidents, maladresses de manutention, pannes, négligences, extinction progressive de la curiosité à son égard, etc. représentent autant de dangers, qu'il ne courait pas quand il gisait dans sa couche alluviale protectrice. Il lui faudra bien plus de hasards heureux pour survivre quelques siècles entre les mains des hommes qu'il ne lui en avait fallu pour triompher des millénaires au sein de la terre. Quant aux articles le décrivant, faible est, pour eux aussi, la chance qu'ils soient encore utilisables et compréhensibles d'ici quelques siècles.

Ainsi, l'archéologie n'échappe pas à cette vieille critique faite contre la science : elle doit tuer pour connaître.

Une bouteille de vin contient 3/4 de litre ; un magnum, 1,5 litre ; un jéroboam, 3 litres ; un réhoboam, 4,5 ; un mathusalem, 6 ; un salmanazar, 9 ; un balthazar, 12 ; un nabuchodonosor, 15 ; un melchior, 18. Inutile d'aller plus loin dans le gigantisme. L'être humain n'est pas si altéré que, ayant sifflé un melchior, il trouve encore moyen de s'écrier : « Il fait soif, garçon, remettez-moi ça ! »

Cloche, pot, tellière, couronne, écu, coquille, carré, cavalier, raisin, jésus, soleil, colombier, petit aigle, grand aigle, grand monde, univers : tels sont les noms traditionnels des formats des feuilles de papier à dessin, classés en croissant. Mais que la progression est lente ! Le plus petit format, cloche, mesure 30 cm sur 40 et le plus grand, univers, n'atteint jamais que 100 cm sur 130. Sans doute se fatigue-t-on plus vite à dessiner qu'à boire...

Kilo, méga, giga, téra, péta, exa, zetta, yotta... Là, c'est sérieux. Chaque préfixe représente, s'il vous plaît, 1 000 fois plus que le précédent. C'est que, mesurée en kilo-octets, puis en méga-octets, etc., la mémoire des ordinateurs, en route vers le yotta-octet, n'est pas soumise aux limitations humaines, elle !

Un jour, craignons-le, nos capacités de stockage croîtront plus vite que la quantité d'informations à stocker. Alors, le monde s'acheminera vers les horreurs de la disette. Les ordinateurs auront une mémoire si puissante qu'il leur suffira, chaque matin au réveil, d'une microseconde pour absorber toute l'information apparue depuis 24 heures dans le monde entier – laquelle n'occupera qu'une part infime, ridiculement petite, de leur mémoire et, en une nanoseconde, sera entièrement traitée, laissant nos monstres désœuvrés. Pris de pitié à les voir ainsi en état de manque, nous nous précipiterons sur la moindre bribe d'information oubliée dans le moindre coin retiré du monde et nous battrons pour l'obtenir afin de les nourrir. Peine perdue ! Hallucinés comme des affamés en temps de guerre, ils n'en feront qu'une bouchée puis, en une picoseconde, retomberont en inanition. Sous-alimentés, ils ne nous seront d'aucune utilité. Qui peut le plus peut le moins.

De 1982 à 2002, le nombre des espèces d'arthropodes vivant sur terre serait passé de 31 millions à moins de 6 millions (*Nature*, 25 avril 2002). Doit-on incriminer les conséquences destructrices de l'action humaine sur la nature ? Il semble que non, pour une fois. La diminution serait simplement due... à la méthode de calcul ! Si, comme en 1982, on considère que chaque espèce d'arthropode se nourrit d'un nombre restreint de végétaux, on est amené à une certaine évaluation du nombre des espèces. Si, comme aujourd'hui, on considère que chaque espèce se nourrit de plusieurs végétaux, on trouve un résultat beaucoup plus petit.

Des évaluations susceptibles, selon les hypothèses de travail, de varier dans une telle proportion laissent sceptique tant sur leur pertinence que sur les avertissements contre les atteintes à la biodiversité !

Quand on ne sait plus distinguer 6 de 31, il faut changer radicalement de manière de voir. Voici ma suggestion. Cessons de nous livrer à des évaluations, toujours douteuses, et tenons-nous en à une approximation irréfutable. Quelle est l'approximation la plus intelligente du nombre des espèces ? Ce n'est ni 6 millions, ni 31, ni quelque prudente moyenne. C'est l'infini. L'infini est la seule estimation pertinente, car c'est la seule à rendre compte d'un aspect essentiel du problème : quel que soit le nombre des espèces que nous aurons répertoriées, nous ne pourrons jamais prouver que nous sommes parvenus au bout et qu'il n'en reste plus qui soient encore inconnues de nous.

D'un côté, la science explique que, les équations régissant le déplacement des masses d'air étant complexes, il est déraisonnable de prétendre prévoir à plus de quelques jours le temps qu'il fera en un lieu donné. D'un autre côté, la même science nous met en garde : si nous continuons à polluer l'atmosphère comme nous le faisons, l'effet de serre aura de graves conséquences sur le climat dans moins d'un siècle.

Une prévision ponctuelle précise et une prévision en moyenne ne relèvent certes pas du même ordre de choses. Par exemple, il n'est pas scientifique de prétendre prévoir que tel lancer d'une pièce de monnaie va donner pile ou qu'il va donner face, mais il est scientifique de prévoir que, sur mille lancers, il y aura en moyenne à peu près cinq cents pile et cinq cents face. Je sais bien, mais quand même ! Dans une situation simple et familière, où je pourrais vérifier ses dires, la science se défile : elle s'avoue incapable de prévoir le temps de la semaine prochaine. Et là où je ne peux pas vérifier, elle affirme ; pire encore : elle veut imposer des restrictions au nom de ce qui, selon elle, se passera dans un siècle.

Même si les scientifiques s'appuient sur d'excellentes raisons, on comprend que l'image publique de la science paraisse embrumée.

Affichés sur les trains en Ile-de-France, les sigles RONI, VICK, CAPU, OLAF, RIPI, DAPI, MONA... (je n'ai pas vu LISA) indiquent la destination et le type du train. Dans VICK, par exemple, V signifie Versailles et I, partiellement direct. Dans MONA, M signifie Massy et O, omnibus. Et CK ? Et NA ? CK ne signifie rien, pas plus que NA. CK et NA ont été ajoutés pour obtenir un mot sonore. À la SNCF comme dans l'ADN, certaines séquences sont codantes, d'autres non.

Le Moyen Âge aussi a inventé des mots. L'un est encore connu de nos jours, le mot BARBARA, qui désigne un syllogisme du type de celui-ci : « Les hommes sont mortels, or les logiciens sont des hommes, donc les logiciens sont mortels. » D'autres, attachés à d'autres syllogismes, sont oubliés : FERIO, FELAPTON, BAMALIP, DATISI, DIMATIS... Fait remarquable, le Moyen Âge, plus performant que la SNCF sur ce point, savait donner un sens à toutes les lettres de ces mots, utilisés comme procédés mnémotechniques pour mémoriser les divers syllogismes. Les voyelles A, E, I et O codaient quatre types de propositions de base et les consonnes indiquaient quelles opérations étaient à effectuer entre elles.

Une synthèse entre chemin de fer et scolastique s'impose. À un syllogisme facile, comme celui en BARBARA, associons un trajet facile : Bourg-Arcueil-Robinson-Bourg-Arcueil-Robinson-Arcueil. Inversement, à un trajet exigeant des correspondances difficiles – par exemple, Bougival-Auberviliers-Montigny-Arpajon-Liancourt-Ivry-Palaiseau – associons un syllogisme également difficile, celui en BAMALIP.

Le Moyen Âge connaissait 19 formes de syllogismes seulement. Ridicule ! Le nombre d'itinéraires possibles en Île-de-France est bien plus élevé. Plutôt que rester à nous ennuyer pendant nos trajets en banlieue, inspirons-nous d'eux pour inventer de nouveaux syllogismes. Grâce au train, nous découvrirons des lois de la logique inconnues jusqu'à présent.

L'écartement entre les rails de chemin de fer est de 1,435 m. Pourquoi ce nombre étrange ? À cause des Anglais, qui ont inventé le chemin de fer donc ont imposé l'écartement entre les rails : 4 pieds et 8,5 pouces, soit 1,435 m. Mais pourquoi ont-ils choisi cet écartement ? Parce que les premières lignes de chemin de fer furent construites sur le modèle des tramways. Mais pourquoi les tramways, etc ? Parce qu'ils reprenaient l'écartement des chariots et des diligences. Mais pourquoi les chariots, etc ? Parce que les routes d'Europe avaient des ornières et qu'un écartement différent aurait causé la rupture des essieux des chariots. Mais pourquoi les ornières, etc ? Parce que l'Empire romain avait standardisé la taille de ses propres chariots. Et pourquoi l'Empire romain avait-il choisi cette norme-là ? Parce que c'était elle qui permettait à deux ânes de marcher côte à côte sans se gêner !

Devinez, enfin, la largeur des réservoirs additionnels de la navette spatiale américaine. Réponse : 4 pieds et 8,5 pouces, bien sûr. Pourquoi ? Parce qu'ils sont acheminés par train. Ainsi, la largeur de la croupe d'un âne est visible sur le moyen de transport le plus avancé du monde ! (D'après Baudouin Eschapasse, *Jeune Afrique/L'Intelligent*, n° 2056, 6-12 juin 2000).

Se non è vero, è ben trovato.

« L'indice ATMO ne veut pas dire grand-chose, mais il a l'avantage d'être facilement compris du grand public », déclarait un spécialiste de la qualité de l'air lors d'une conférence. La formule ne fait pas qu'exprimer un mépris de spécialiste vis-à-vis du public. Même au sein de cercles choisis, on entend souvent soutenir qu'il vaut mieux recourir à des indicateurs peu fiables, voire erronés, que n'avoir pas d'indicateur du tout. « C'est tout ce qu'on a, il faut bien faire avec. »

Qu'on m'explique ! En quoi est-il préférable de se perdre en faisant usage d'une boussole détraquée que de se perdre sans boussole ?

Ces indicateurs, qu'on évalue sans trop savoir ce qu'ils mesurent, sont, je crois, un mauvais pli dont on ne parvient plus à se défaire.

Le processus historique est clair : quelqu'un, une fois, a hasardé un mode de calcul d'un indice ; pas très convaincant, peut-être, mais il permettait d'obtenir un chiffre, ce qui était déjà ça ; à partir de là, semaine après semaine, mois après mois, année après année, on a calculé la suite des valeurs prises par l'indice ; on peut comparer les chiffres obtenus, disserter sur leur évolution, avoir l'impression de faire quelque chose...

Reconsidérer un calcul et venir à la conclusion que l'indice auquel il mène est trop biaisé, donc qu'il faut y renoncer, exige plus de réflexion et de détermination que de le reconduire d'échéance en échéance. Quand ceux que notre monde tient pour des spécialistes se décideront à ne faire un calcul qu'à la condition expresse de savoir montrer qu'il est fondé, nous y verrons plus clair. Dût-il ne plus nous rester, pour cela, que le pif.

Quatre exercices théoriques sur la pluie et le beau temps.

1. Météo conditionnelle. Existe-t-il une disposition des masses d'air chaudes et froides conduisant à la prévision suivante : « Si vous restez chez vous, il fera beau. Si vous sortez vous promener, il se mettra à pleuvoir ? » On ne supposera pas que le promeneur a l'habitude de chanter, car cela rendrait l'exercice trop facile.

2. Contre-pied. La météo fait une prévision à 4 jours – par exemple, il va pleuvoir – en précisant que l'indice de confiance est de 2 sur 5. Est-ce à dire que, si je prévois qu'il fera beau, l'indice de confiance de ma prévision est de 3 sur 5, donc meilleur que celui de la météo ?

3. Prévoir les prévisions. Connaissant la prévision à 48 h faite aujourd'hui par la météo, peut-on en déduire la prévision à 24 h qu'elle fera demain ?

4. Progrès scientifique. Supposons que la prévision à 24 h faite demain contredise la prévision à 48 h faite aujourd'hui. Cela prouve-t-il que la météorologie sera devenue demain une science plus fiable qu'elle ne l'est aujourd'hui ?

Le temps est révolu où on estimait que, pour être efficaces, les remèdes devaient avoir des goûts épouvantables. La mode est de leur en conférer des plaisants. Résultat : pour soigner une bronchite, une patiente de ma connaissance a dû, plusieurs fois par jour, avaler coup sur coup une poudre, un sirop puis une solution respectivement aromatisés à l'orange, à la menthe, à la framboise. Notre amie ne s'est sortie de sa bronchite qu'au prix d'un solide écœurement.

Le danger d'administrer des médicaments incompatibles entre eux est connu des médecins depuis longtemps. Il va falloir que ces derniers apprennent à éviter un écueil de plus dans leur difficile navigation et qu'ils veillent désormais à prescrire des remèdes dont les arômes forment ensemble un bouquet harmonieux.

Les affections nosocomiales, c'est-à-dire contractées en milieu hospitalier, et les maladies iatrogènes, c'est-à-dire suscitées par les médicaments, connaissent une expansion regrettable. Il est à craindre qu'il ne faille bientôt inventer une nouvelle spécialité médicale, celle qui aura pour fonction de guérir tous les genres de maux qu'on risque d'attraper lorsqu'on reçoit des soins médicaux.

Ne critiquons pas trop la médecine sur ce point, pourtant. Elle est soumise au sort commun. La vie humaine est ainsi faite que rares sont les circonstances où on peut chasser un mal sans qu'un autre mal ne vienne s'installer à la place de celui qui a été éradiqué.

Plus fâcheuse est l'apparition d'un nouveau trouble dû à la médecine. Et ce trouble-là, il ne suffit pas d'être en bonne santé pour l'éviter. Il s'agit en effet de l'angoisse engendrée par les techniques de dépistage, angoisse que peuvent ressentir des gens qui vont bien mais qu'on incite à se soumettre à des tests. « La médecine contemporaine, c'est en somme Knock disant : "Vous avez l'illusion d'être en bonne santé, venez à moi". Résultat, le sujet n'ayant plus confiance dans son corps, il angoisse, il réclame des examens. La grande question pour la médecine de demain sera d'anticiper les comportements névrotiques issus de l'offre de dépistage. L'angoisse (créée par la médecine) est devenue le nerf du progrès technologique en médecine » (Didier Sicard, Président du Comité consultatif national d'éthique, interview à *Libération*, 22-23 février 2003).

Ainsi donc, on risque d'avoir à inventer encore une autre spécialité médicale : celle qui aura pour fonction de prévenir les troubles engendrés par la médecine préventive...

L'obscurantisme – c'est-à-dire le refus *a priori* de prendre en compte des points de vue variés – est un mal. Mais la peur de l'obscurantisme est aussi un mal. À cause d'elle, nous n'osons plus, nous ne savons plus choisir.

Un livre vous passe à portée de main ? Ne pas le lire constituerait un refus caractérisé d'en prendre connaissance : preuve d'obscurantisme. Donc, lisez. Un concert d'une musique qui ne vous tente guère est donné ce soir ? Ne vous laissez pas dominer par vos préjugés, assistez-y. Une conférence sur un sujet barbant, une pièce de théâtre dans une langue que vous ne parlez pas, un ballet où les danseurs restent immobiles, un film d'une durée de huit heures et quarante-cinq minutes sont proposés ? Allez-y ! Allez-y ! Rester chez vous reviendrait à rejeter sans les connaître des expériences originales, obscurantiste que vous êtes.

Il est temps d'en finir avec le gavage. Disons-le hautement : il est parfois plus nourrissant de refuser une œuvre que d'en absorber une de plus.

Les enfants passent trop de temps devant la télé, ils passent trop de temps avec les jeux vidéo... Comment mettre fin à ce triste phénomène ? Voici une suggestion. Que l'école, dès la maternelle, enseigne aux enfants à regarder la télé, qu'elle leur enseigne à jouer aux jeux vidéo – et, bien sûr, qu'elle sanctionne ceux qui n'apportent pas un soin suffisant à cette étude.

Il n'est pas de sujet, si passionnant soit-il, qui – devenu matière scolaire – ne se mette à ennuyer mortellement les neuf dixièmes des élèves. Quand ils seront obligés de regarder la télé à l'école, ils ne la regarderont plus à la maison, c'est garanti.

Tel, qui fait des sorties de 200 km à vélo, n'imagine pas monter autrement qu'en ascenseur les deux étages menant à son appartement. Tel autre s'entraîne trois fois par semaine en vue des marathons de New York et de Paris, mais prend sa voiture pour aller, à 500 mètres, acheter son pain. Pourquoi ces courageux rechignent-ils devant de si petits efforts ? Parce que, chez le citadin actuel, l'activité physique ne consiste pas à utiliser spontanément son corps pour répondre aux nécessités quotidiennes, mais à avoir un sport favori, à posséder l'équipement y afférent, et à ne s'exercer que dans le cadre imposé par ce sport.

Voyager à pied ou à vélo, avec ses bagages, rappelle quel dur obstacle représente tout déplacement non motorisé. Cette façon de retrouver le contact avec le monde n'est pas la nôtre. L'effort physique ne vise pas à supprimer un des artifices dans lesquels nos vies sont immergées, histoire de « voir comment c'était avant ». Nous ne le concevons guère que sous forme sportive, c'est-à-dire un artifice de plus. Nous méprisons l'effort quand nous y sommes contraints à l'image des ouvriers ou paysans d'autrefois. Nous l'apprécions quand nous nous l'imposons, et sommes prêts à payer l'inscription à un club rien que pour bénéficier du droit d'aller courir en rond autour d'un stade.

Mon *living* donnant sur un *dancing*, je dors peu. Je compense grâce au *training* autogène. Sitôt levé, mon *timing* se déroule selon un *planning* précis. D'abord, *footing*, *jogging* et *body-building* pour être super-top lors de mon prochain *trekking*. Ensuite, un rapide *brushing* car je dois me présenter *smart* à ma *holding*, spécialisée dans le *consulting* international et le *lobbying*. Qu'importe si le *parking* est plein : je fais du *rolling*. Monté dans le *building*, j'écoute le *briefing* du *managing*, participe à un *brain-storming* avec l'*ingeniering*, surveille les *mailings*, vérifie les *listings*... Un vrai *zapping* ! Cependant, le *time-sharing* informatique n'est pas pour moi. Que voulez-vous, je ne suis pas né dans le *cocooning*, je ne suis pas adepte des *strings* et autres *piercings*. Autrement dit, je date du *baby-booming* : le *surfing*, je n'ai pas le *feeling* pour.

Je déplore de vivre dans ce perpétuel *surbooking*. Hélas, ce qui me manque est indigne de mon *standing*. J'hésite à le dire. Allons, soyons courageux ! Voici mon *outing*. Oui, je l'avoue, j'aimerais pouvoir m'accorder, par-ci par-là, un petit *siesting*.

Les sondages sont devenus fréquents. Grande est parmi nous la proportion de ceux qui, une fois ou l'autre, ont joué le rôle de sondés.

Combien vaut cette proportion, exactement ? Là, l'affaire se corse. Pour déterminer un chiffre de ce genre, en effet, la démarche naturelle est de procéder par un sondage, en interrogeant les gens : « Avez-vous été sondé au moins une fois dans votre vie ? », question qui ne peut amener autre chose, de la part du sondé, que la réponse : « Oui, maintenant ».

À moins que quelqu'un imagine une astuce sublime pour contourner la difficulté ci-dessus, jamais nous ne connaîtrons la réponse à la question que je me posais.

« Les élèves qui entrent dans les classes préparatoires aux Grandes Écoles n'y apportent que des connaissances superficielles et une formation technique à peu près nulle ; ils abordent cette période décisive de leurs études avec une absence totale de maturité d'esprit, une puissance de travail inexistante, une incompréhension générale de la vie intellectuelle qui n'a d'égale qu'une ambition souvent démesurée. (...) Malgré la diffusion de l'enseignement, et, peut-être, à cause de cette diffusion même, nous assistons à un recul général de la vie intellectuelle. » Propos excessifs ? Non : ils sont confirmés par le rapport sur le concours d'admission à l'École Polytechnique. « Très peu de copies portent la marque d'une personnalité. Toutes les autres dénotaient l'absence d'esprit critique et de jugement. Partout la même abondance décevante de calculs sans la moindre trace d'effort personnel. Souvent la rédaction présentait le même manque d'ordre et de soins. »

Attention ! Le premier extrait provient d'un exposé fait en 1935, le second du rapport sur le concours 1933 (*Bulletin de l'Association des Professeurs de Mathématiques*, n° 89, avril-juillet 1935 et n° 85, septembre 1934). Aujourd'hui, ces alarmes nous font sourire : les professeurs sévères qui, dans notre jeunesse, nous reprochaient notre nullité (il m'en souvient encore...) avaient été précisément les nullards stigmatisés par les professeurs de 1930 ! En disant « le niveau baisse », ils ne faisaient donc que répéter devant nous la leçon qu'ils avaient eux-mêmes subie...

La baisse de niveau serait-elle une loi de nature, que tout professeur doit asséner à ses élèves ? Je n'en crois rien. S'effarer du niveau est l'immuable attitude de ceux qui entretiennent un rapport crispé avec leur savoir. Les jeunes ont à s'adapter à un monde différent de celui auquel les vieux ont eu à s'adapter. Ils y mettent ni plus ni moins de qualités, mais ils les utilisent autrement. Dire « le niveau baisse » est une facilité de pensée que doit s'interdire quiconque veut comprendre quelque chose à la marche du monde et des générations – et à son propre vieillissement.

Dans sa jeunesse, Stendhal aimait les sciences. Mais il en a été dégoûté par des professeurs incapables de lui expliquer pourquoi moins multiplié par moins fait plus. Stendhal soupçonne ses professeurs de ne pas l'avoir su eux-mêmes. Par esprit de corps, nous ne le suivrons pas sur ce point. Le plus problable est qu'ils étaient mauvais pédagogues. Faisons alors une expérience de pensée. Supposons qu'ils aient été bons pédagogues et aient mieux réussi à se faire comprendre du futur Stendhal. Ce dernier -- qui sait ? – aurait peut-être poursuivi des études de sciences, s'en serait satisfait, serait devenu ingénieur et – là encore, qui sait ? – un ingénieur moyen, ne laissant aucune œuvre notable derrière lui. Ceux qui n'aiment pas l'écrivain Stendhal ne s'effraieront pas de ce scénario, mais les autres y verront une catastrophe évitée. Et évitée grâce à qui ? Grâce aux mauvais professeurs !

Quant à Flaubert, imaginons qu'il ne se soit pas ennuyé en classe. (« Me voici revenu au collège où j'ai l'honneur de m'embêter au superlatif. ») La colère énorme qui, toute sa vie, l'a accompagné et a nourri son œuvre, cette colère inextinguible ne serait peut-être pas née, et Flaubert n'aurait pas eu la puissance littéraire qu'on lui connaît. Sans professeurs ennuyeux, pas d'œuvre de Flaubert.

Les bons professeurs suscitent, chez certains élèves, une admiration génératrice de grandes et belles vocations. Bravo, c'est fort bien, l'éloge qu'on fait de ces professeurs est mérité. Ne soyons pas injustes pour autant avec les mauvais professeurs. La jeunesse a une capacité immense à s'insurger, et trouve là une richesse. Par réaction d'hostilité, peut-être les mauvais professeurs ont-ils suscité plus de grandes et belles vocations que les bons n'en ont suscitées par imitation...

Scène vue lors d'une commission universitaire chargée de recruter des collègues. Tous les membres de la commission appartenaient à la même spécialité, mais deux sous-spécialités rivalisaient. Prudent, je les désignerai ici par *A* et par *B*. Les tenants de la sous-spécialité *A* se laissant aller à donner des indications trop longues et trop techniques sur les recherches effectuées par les candidats qu'ils défendaient, un représentant de la sous-spécialité *B* a fini par se fâcher : « Vous commencez à nous ennuyer. Nous aussi, nous pouvons donner tous les détails sur ce que font nos candidats. Il y en aura jusqu'à demain. Si c'est ça que vous voulez... »

La menace a fait son effet. Les *A* comme les *B* se sont contentés d'évoquer de la façon la plus succincte possible les résultats dus à leurs poulains respectifs. Cet « équilibre de la terreur » en dit long sur l'intérêt que les chercheurs portent aux travaux les uns des autres. Et, je le répète : au sein d'une même spécialité.

Parfois, pour guider les candidats à un examen, les énoncés consacrent quelques lignes à exposer le but général du problème. Ainsi, une récente épreuve de mécanique, après avoir décrit le dispositif à étudier et avant de poser les questions, annonçait : « L'observation expérimentale du mouvement montre que le point décrit une trajectoire présentant des extrema situés sur deux cercles. On se propose de justifier cette observation. » Et la dernière question était : « En déduire que r' et z s'annulent, comme le prévoit l'observation, pour deux valeurs de r. »

L'air de rien, voilà révélée toute une conception de la physique. Quel mépris pour l'empirisme est tapi dans ces indications ! Elles sous-entendent que le calcul doit commander à l'observation. L'homme naïf se contente de croire ses yeux. Le savant prouve que ce qu'on voit est conforme au calcul, donc est vrai.

La raison d'être du monde physique est de confirmer les lois mathématiques...

Les graphologues prétendent déterminer si un scripteur est, ou non, intelligent, honnête, cultivé, original, etc. Les entreprises tirent parti des progrès de la graphologie, et demandent que les lettres de candidature à un poste soient manuscrites.

Pourquoi les scientifiques ne profiteraient-ils pas, eux aussi, de ces progrès ? Si les articles paraissaient sous forme manuscrite, le lecteur saurait aussitôt, rien que par l'examen de l'écriture, quel crédit leur apporter.

« Et si l'écriture de l'auteur est illisible ? » Hé bien, en ce cas, on ne lira pas son article. Cela ne changera pas grand-chose aux pratiques actuelles.

Lorsque les candidats à un concours sont nombreux, leurs copies sont réparties entre plusieurs correcteurs. La pratique pose problème : comment éviter qu'un candidat soit avantagé ou lésé selon le correcteur sur lequel il tombe ? Avec la foi dans les statistiques qui fait sa force, l'Administration a un credo simple : que les moyennes des notes mises par les divers correcteurs soient à peu près égales, et aucune injustice n'aura été commise.

Du coup, chaque correcteur vit dans la hantise d'être repéré comme trop généreux, ou trop sévère, par rapport à ses collègues. Car alors s'applique à lui la procédure dite « d'harmonisation », qu'on pourrait appeler de façon moins élégante mais plus réaliste « art d'éviter de faire des vagues » : on lui demande de reprendre ses corrections pour essayer de se rapprocher de la moyenne générale. Tâche supplémentaire, et combien ennuyeuse !

Moralité. Les candidats rêvent d'être au-dessus de la moyenne. Leurs examinateurs, plus modestes, rêvent d'être pile dedans.

Ayant proposé un article à une revue, un chercheur a reçu la réponse suivante : « L'article contient de longs calculs qu'on peut trouver dans de nombreux livres de cours. La seule idée nouvelle (mais pas très originale) pourrait être développée de façon bien plus rapide. Le lectorat potentiel de cet article semble très limité. »

Se faire rembarrer aussi sèchement, est-ce cela qu'on appelle « perdre la face » ? Pas du tout. La revue avait demandé l'opinion d'un autre rapporteur. Lequel a conclu : « L'article est la première application profonde, complètement développée et avec plein succès du programme de Colombeau. Il est à coup sûr hautement original dans son approche. Cet article est très important et peut devenir séminal. »

Non, il n'y a pas d'erreur. Les deux avis portent bien sur le même article. Pour l'éducation des naïfs qui veulent croire à une possibilité de jugement objectif en ce bas-monde, signalons que l'article relève d'un domaine qui représente sans doute le *nec plus ultra* de l'objectivité : la physique mathématique. Et, à l'intention de ceux qui aiment les histoires se terminant bien, précisons que, finalement, l'article a été retenu pour publication. Chacun pourra donc le lire, et se faire par soi-même un jugement... objectif.

Le nombre d'étudiants en sciences diminuant sans cesse, beaucoup de scientifiques, afin d'inverser la tendance, font des suggestions pédagogiques, plus ou moins conçues comme des philtres d'amour : si on enseignait les sciences comme ceci et non comme cela – par exemple, moins exposer de théorie et plus faire expérimenter – les élèves ne manqueraient pas de tomber sous leur charme.

Ces scientifiques manifestent là une surprenante inaptitude à raisonner. Ils devraient comprendre, en effet, qu'ils seront les derniers à comprendre pourquoi les sciences rebutent. S'ils les ont choisies, c'est qu'ils y trouvent des satisfactions. Or celui qui se sent bien dans une situation donnée est fort démuni pour percevoir les raisons de celui qui, dans la même situation, se sent mal. Saisir ce qui se passe dans la tête d'un cancre est aussi difficile pour un prix d'excellence que, pour le cancre, saisir ce qui se passe dans la tête du prix d'excellence.

Expression d'un projet sur le monde, les sciences sont une forme de connaissance dont les évidents succès ne peuvent pas cacher les non moins évidentes défaillances. Proposer des changements pédagogiques pour résoudre un problème d'une telle ampleur, c'est chanter des cantiques pour empêcher le *Titanic* de couler.

Notre enseignement est sinistré, entendons-nous souvent. Avant de répéter cette antienne, n'oublions pas que notre perspective est déformée, donc notre jugement faussé. Voici en quoi.

Depuis un siècle, sinon deux, l'accélération caractérise notre société. Les trains et les avions vont de plus en plus vite ; les techniques, la médecine, sont sans cesse plus efficaces ; notre espérance de vie ne fait qu'augmenter... Nous sommes si habitués à voir toutes les durées d'exécution être compressibles, toutes les puissances être extensibles, que nous en venons à penser que telle est la norme.

Mais, au milieu de nos paysages renouvelés à chaque instant, le rythme de l'enseignement demeure, immuable. À qui la faute si, aujourd'hui comme jadis, l'élève doit, avant de parler une langue étrangère, apprendre, oublier, réapprendre dix fois, vingt fois, le vocabulaire nécessaire ? À qui la faute si, aujourd'hui comme jadis, l'élève ne comprend une théorie difficile qu'après l'avoir dix fois, vingt fois, appliquée à contresens ? L'homme est ainsi fait : il apprend lentement, très lentement ; il comprend lentement, très lentement. Le progrès n'y change rien. Le moindre ordinateur héberge plus de savoir que la Bibliothèque d'Alexandrie, mais l'usager de cette Bibliothèque avait une mémoire ni plus ni moins vaste, une intelligence ni plus ni moins sûre, que l'utilisateur d'ordinateur.

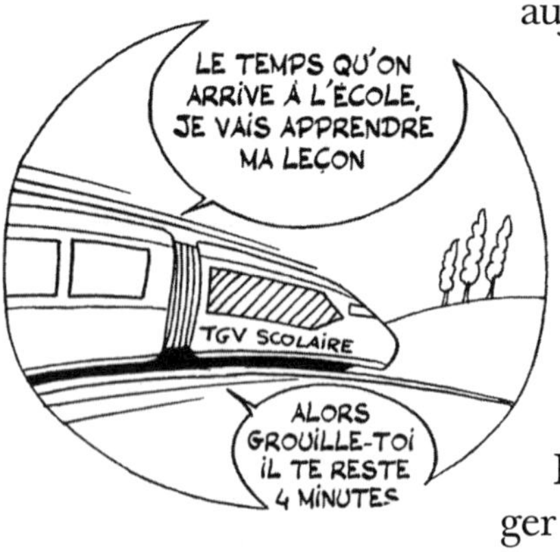

Dans un monde de supersoniques et de TGV, l'enseignement progresse au même pas que dans un monde de bateaux à voiles et de chars à bœufs. Dans un monde où tout va plus vite, rien ne lui permet d'aller plus vite. Voilà ce dont nous devons tenir compte avant de « porter un regard critique sur les performances de notre système éducatif ».

La prolifération des articles scientifiques pose d'énormes problèmes. Le plus grave est l'impossibilité pour un chercheur de se tenir au courant de ce qui se passe dans sa propre discipline.

Une mesure simple pourrait faire cesser cette situation préjudiciable. Que nul n'ait le droit de publier un article de physique s'il n'a pas lu et compris tous les articles de physique déjà publiés. Tous, car il en va de l'unité de sa discipline. Exigence analogue en chimie, en biologie, en mathématiques... Vu le stock impressionnant d'articles actuellement disponibles, les chercheurs en auront pour au moins dix ans à ne rien faire d'autre que lire. C'est un long délai, mais il leur apprendra à ne pas avoir étudié leurs leçons au fur et à mesure. Mauvais élèves ! Alors, et seulement alors, ils retrouveront le droit de publier. Mais la même condition restera exigée d'eux : avoir lu tous les articles de leur spécialité avant d'en ajouter un nouveau. Cela les contraindra à un rythme de publication enfin raisonnable. On pourra recommencer à penser les sciences comme étant en progrès, et non comme étant une explosion, un éparpillement incontrôlé.

Tous les remèdes ont des effets secondaires imprévus et néfastes – sauf celui que je préconise ici car, à coup sûr, il ne sera jamais appliqué...

Donner un titre à une conférence, c'est tout un art. Le titre doit être assez explicite, pour ne pas décourager les amateurs, mais pas trop, pour ne pas déflorer le sujet. Un titre ambigu ratisse large – du point de vue de l'orateur, c'est bon ; mais si la conférence ne répond pas à leurs attentes, les auditeurs risquent d'être déçus et de le manifester – du point de vue de l'orateur, c'est mauvais.

Tout cela pour dire mon admiration infinie envers celui qui a prononcé une conférence intitulée : « Sur les transformations qui conservent le spectre. » Quelle trouvaille, ce titre ! La foule qu'il a dû attirer ! « Sur les transformations qui conservent le spectre » est un alexandrin d'une parfaite facture classique, plein de poésie et de mystère. Vu son léger hermétisme, les littéraires ont dû se précipiter en s'attendant à une conférence sur l'œuvre de Mallarmé. Mais les adeptes de l'occultisme se sont sûrement précipités, eux aussi, espérant apprendre à réaliser la transmigration des âmes, exploit auquel ils attachent quelque importance. Les enfants ont cru qu'on leur raconterait des histoires de fantômes pour faire peur comme ils aiment, et sont donc venus nombreux. Les physiciens, qui ont coutume de donner un sens savant à des termes usuels, ont marmonné : « Spectre ? C'est un mot de chez nous, ça. Allons-y voir. » À quoi les mathématiciens, qui ont coutume de donner un sens savant à des termes usuels, ont répondu en écho : « Spectre ? C'est un mot de chez nous, ça. Allons-y voir. »

Alors, à qui s'adressait la conférence ? Je vous laisse deviner. Une indication pour vous aider : je n'y suis pas allé, et je suis mathématicien. « La crédulité de ceux qui croient aux fantômes et la crédulité de ceux qui n'y croient pas me laissent pantois. » (Louis Scutenaire, *Mes Inscriptions*, 1945-1963, rééd. Allia, 1984, p. 249.)

C'est par antiphrase qu'un administratif haut placé est appelé un « responsable ». L'individu, en effet, a trop de décisions à prendre pour pouvoir s'informer en détail sur chaque dossier. Il fait donc confiance à ses collaborateurs et signe sans lire. Quelle responsabilité !

Cette conception toute administrative de la notion de responsabilité a, hélas, envahi la recherche scientifique. Celle-ci fourmille de gens qui participent à tellement de jurys de thèse et sont priés de donner leur avis sur tellement de projets d'articles, que le temps leur manque pour lire ce qu'ont écrit les impétrants. Alors, ils font confiance. Confiance à l'auteur de l'article, qui a l'air sérieux ; ou confiance à un collègue, qui dit que la thèse est valable. En outre, refuser exige plus de travail qu'accepter, car il faut justifier le refus : argument puissant en faveur du feu vert ! Ainsi s'accroît la littérature des thèses et des articles – aussi grise, aussi peu lue, aussi énorme, aussi conformiste que celle des rapports administratifs. Mais feu vert ne veut pas dire caution. Si naît la moindre polémique – ce qui est une malchance rarissime, il faut au moins que ce soient les frères Bogdanov qui aient soutenu la thèse pour que cela se produise ! – ils réagissent comme les administratifs surpris par un dossier brûlant : ils se renvoient la balle. Le professeur « responsable » du thésard dit qu'il pensait que la thèse était bonne, puisqu'une bonne revue avait accepté d'en publier des extraits ; le « responsable » de la revue tient le « raisonnement » inverse. Personne n'avait pris le temps de se faire un avis étayé.

Que nul ne participe à un jury de thèse s'il n'a lu, compris et apprécié toute la thèse ! Que nul ne donne son aval à la publication d'un article s'il n'a lu, compris et apprécié tout l'article ! Voilà deux revendications de bon sens, qui n'ont l'air de rien. De nos jours, pourtant, les mettre en œuvre créerait un bouleversement majeur au sein de la cité scientifique.

« Pourquoi faire simple quand on peut faire compliqué ? » Cette question n'en est pas une. C'est une phrase toute faite, qu'on prononce pour se moquer de ceux qui suivent un chemin biscornu sans voir le chemin rectiligne menant au même but. Derrière l'ironie de la phrase, il faut entendre : faire compliqué n'est pas normal. Mais les choses sont-elles... si simples ?

D'abord, on a le droit d'aimer mieux la profusion baroque que la sobriété classique. Faire simple ? Les baroques sont trop raffinés pour cela : « Laissons le simple aux simples ! » Après les chapelles romanes, viennent les églises gothique flamboyant ou les basiliques rococo.

En sciences, un autre phénomène se produit. Quand on demande à des étudiants de trouver un exemple d'une situation donnée, ils cherchent presque toujours des exemples trop compliqués, ce qui les fait échouer. Cela ne tient pas à leur inexpérience, c'est vraiment une tournure de l'esprit humain. De nombreux chercheurs en ont témoigné : les idées « naturelles » ne sont pas celles qui viennent d'abord. Souvent, la première démonstration proposée pour un théorème est compliquée, et il faut un effort supplémentaire pour la simplifier.

Bref, la question initiale manquait de pertinence. La question qu'il faut se poser est beaucoup plus épineuse. À savoir : pourquoi faire simple est-il si souvent plus difficile, moins spontané, que faire compliqué ?

Les récents déboires ayant mis à mal l'idée qu'il existe un progrès cumulatif du savoir et que ce progrès est bon, le moment est venu d'en proposer une autre. Voici. Il existe un progrès du savoir. Ce progrès est bon. Mais il ne consiste pas à cumuler. Il consiste à supprimer. Dépistons les erreurs contenues dans le savoir. Rayons-les de nos livres. Mais ne cherchons surtout pas à les remplacer par des vérités neuves, lesquelles nous parasiteraient plus que les anciennes.

Exemple. Rejeter le géocentrisme est sain. Lui substituer l'héliocentrisme ne l'est pas : c'est remplacer une grosse erreur par une erreur moins grosse, donc plus difficile à repérer. Et, de même que réfuter l'héliocentrisme est plus compliqué que réfuter le géocentrisme, réfuter quelque future hypothèse sur le mouvement du soleil sera, à son tour, plus compliqué que réfuter l'héliocentrisme.

Raturons les erreurs et tenons-nous en là. Peu à peu, les enfants naîtront non plus assiégés par des connaissances aussi précaires qu'encyclopédiques et dont ils ne peuvent acquérir de toutes façons qu'une proportion dérisoire, mais tendrement accueillis par le petit nombre d'affirmations qui n'auront pas encore été démenties. Epuré de ses erreurs au fil des siècles, le savoir se réduira. Le jour où, enfin, l'humanité ne saura plus rien sera celui où, enfin, elle atteindra à l'heureuse certitude de ne plus avoir la cervelle encombrée par la moindre idée erronée.

Et c'est cela qu'on appellera le progrès.

L'image qui a présidé à la formation du mot « imbitable » n'est pas, je crois le deviner, du meilleur goût. Ce mot est typique de l'argot des étudiants, et ceux-ci sont à un âge où, travaillé par « la chose », on la met à toutes les sauces – y compris la caractérisation des cours abscons, que nul ne parvient à pénétrer. Seulement, les étudiants sont également à un âge où... on étudie ! À force d'être utilisé dans le contexte scolaire puis, par extension, dans le domaine intellectuel, le mot imbitable est en train de faire oublier son origine vulgaire. Pour un peu même, il deviendrait plus distingué que « incompréhensible ». En tous cas, ces deux termes ne sont pas interchangeables. On peut dire d'une conférence qu'elle est imbitable ou qu'elle est incompréhensible – c'est au choix. Mais on ne peut guère dire que, dans la vie, tel individu se comporte de façon imbitable. Là, le mot incompréhensible convient mieux. Je crois même percevoir une nuance entre les expressions « une théorie imbitable » et « une théorie incompréhensible ». La condamnation contenue dans la première me semble plus sévère, sans appel.

Voici donc les prévisions pour l'an 2100, obtenues par légère extrapolation de la tendance actuelle. À cette époque, le mot imbitable sera un mot officiel. Les prudes et les victoriens l'utiliseront sans hésiter, seuls de rares érudits sachant encore d'où il provient. Les auteurs brillants pondront des théories sur l'imbitable, dont on causera dans les salons. Quant au mot incompréhensible, tombé en désuétude, il sera devenu lui-même incompréhensible.

« Il faut être modeste », répètent à l'envi les chercheurs scientifiques. S'ils veulent dire que nul, jamais, ne sait ni ne saura la vérité ultime ; ou que le plus savant est toujours susceptible de sécher sur une question posée par un ignorant ; ou que les gens modestes sont plus agréables à fréquenter que les prétentieux, d'accord. Mais de telles remarques sont trop évidentes pour représenter le fond de la pensée des chercheurs qui croient devoir proclamer les bienfaits de la modestie.

En vérité, la modestie n'est pas une vertu scientifique. Sans doute est-ce regrettable pour l'image qu'on aimerait avoir de l'humanité, mais les vertus morales et les vertus intellectuelles ne vont pas de pair. Galilée, Newton, Gauss, Pasteur, n'ont pas spécialement brillé dans le domaine de la modestie. Rétorquera-t-on que l'orgueil était justifié chez eux mais ne le serait pas chez un chercheur lambda ? Non, dire cela est une démission. Être modeste pousse à manquer d'exigence vis-à-vis de soi. Nul ne doit se priver de ce puissant moteur qu'est l'orgueil. Il incite le chercheur à réaliser les prouesses qui justifieront l'image qu'il a de lui-même. Il donne l'audace de s'attaquer à des problèmes d'envergure et d'affronter le risque de l'échec. Ne nous trompons pas dans l'ordre des facteurs : ce n'est pas l'orgueil qui est la conséquence du succès, mais le succès qui est la récompense de l'orgueil. La modestie exprime un conformisme : « Qui suis-je, pour oser contester ce que mes collègues pensent ? » Pareil manque de hardiesse n'est pas ce qu'on attend d'un chercheur digne de ce nom.

La mode exige de donner une belle image publique de soi-même. Pour reconnaître que l'absence de modestie est une qualité dans leur métier, il faut, aux chercheurs, une indifférence qu'ils n'ont pas tous vis-à-vis de cette mode. Disons-le donc à leur place : « bon chercheur » et « type sympa » ne sont pas deux expressions synonymes.

Abandonner la recherche pour l'administration n'est pas un travers nouveau chez les scientifiques. Dans *L'Avenir de la Science*, Renan fustige les savants qui, tel Cuvier (1769-1832), perdent leur temps en tâches administratives. D'autres qu'eux s'en acquitteraient aussi bien, alors qu'eux seuls peuvent faire progresser la science. Exprimant sans nuance la hiérarchie entre les deux ordres d'activités, Renan écrit : « Faire du torchon avec de la dentelle est un mauvais calcul » (chapitre XIII), et ajoute : « Un homme ne fait bien qu'une seule chose. »

Toutefois, administrer est devenu d'une telle complexité, de nos jours, que la science, à côté, paraît presque un jeu d'enfant. Il est donc possible que le mouvement s'inverse bientôt : la coutume s'installera chez les jeunes gens brillants de donner le meilleur d'eux-mêmes au travail administratif, puis ensuite, fatigués et moins productifs sur le tard, de se reconvertir dans la recherche.

Vous assistez à une conférence portant sur votre spécialité. L'orateur, jeune, ambitieux, flambeur, prétend apporter des idées radicalement neuves. Vous, qui n'êtes plus jeune, avez non plus à conquérir de position mais à maintenir la vôtre. Voici un conseil pour y parvenir. Après la conférence, répandez-vous dans les couloirs et proclamez haut et fort, agressif, en détachant les syllabes : « Je n'ai rien compris. Rien. Je ne sais même pas de quoi il a parlé. » En principe, votre réputation suffit. Si vous, grand spécialiste, n'avez pas pu suivre, c'est que le jeune est un bluffeur, non un innovateur. Vous n'avez rien compris ? Ce n'est pas un aveu d'échec. C'est la preuve qu'il n'y a rien à comprendre. Le principe de paresse et celui de cruauté jouent tous deux pour vous : vos collègues, heureux de ne pas avoir à étudier sa conférence de plus près, savourent en outre le plaisir de casser un jeune ambitieux. Votre position est renforcée, vous gagnez sur toute la ligne.

Évidemment, vous pouvez aussi perdre sur toute la ligne, vos collègues vous laissant dire poliment mais se désolant, dès que vous avez le dos tourné, du coup de vieux qui vous rend imperméable aux idées nouvelles. Mais cela n'est pas une raison pour ne plus jouer à « J'ai pas compris ». Au contraire. Les jeux les plus risqués sont les plus excitants.

Du musicien amateur, qui joue d'un instrument une demi-heure le soir pour se délasser, et du concertiste professionnel – lequel des deux a, au cours de sa vie, commis le plus de fausses notes ? Le professionnel, bien sûr : avec un minimum obligé de 8 ou 10 heures d'instrument chaque jour, il a largement de quoi battre l'amateur dans tous les aspects de la musique, y compris la production de canards.

Du mathématicien professionnel et du collégien réfractaire aux mathématiques – lequel passe le plus de temps à sécher durement sur un problème de mathématiques ? Lequel est le plus affecté s'il voit un autre que lui résoudre le problème ? Le professionnel, évidemment.

Qui a manqué un plus grand nombre de signatures de contrats juteux qu'un agent commercial ? Qui est plus souvent tombé de vélo qu'un coureur cycliste ? Personne, cela va de soi.

Il en est de même pour toute activité. Choisir une profession revient à choisir le domaine dans lequel on connaîtra le plus de revers, le plus de déboires, le plus d'humiliations. Au lieu d'inciter les jeunes à élire une profession qui leur plaît, on devrait les orienter vers celle dans laquelle ils se sentent le mieux préparés à supporter les échecs.

Un serpent se mordant la queue, apparu en songe, a aidé Kekulé, dit-on, à concevoir la structure du benzène. Vraie ou non, cette histoire pose de toutes façons un intéressant problème d'interprétation. On a coutume de la raconter en insistant sur le fait que Kekulé a trouvé la structure du benzène grâce à son rêve. Mais pourquoi ne pas inverser les priorités ? Pourquoi ne pas estimer, au contraire, que, grâce à ses recherches sur le benzène, Kekulé a pu faire un rêve étonnant ?

Nécessaire à l'équilibre psychique des individus, la vie onirique n'est pas moins utile que le progrès des sciences. Que leur inconscient permette parfois aux chercheurs de faire de grandes découvertes est une bonne chose, certes, mais que leur sécheresse prolongée sur un problème leur permette de faire de beaux rêves est, peut-être, chose encore meilleure. Même dans les cas où, au réveil, la solution imaginée en songe ne résiste pas à l'examen.

Le rêve au service de la science, ou la science au service du rêve ? Là est la question !

Le comité d'organisation du XVIe Congrès International des Linguistes termine sa circulaire d'information par cette salutation bilingue : « Linguistiquement vôtre, Linguistically yours. » Étrange. Lorsque Molière s'adresse au Roi, il se déclare son « très humble, très obéissant et très fidèle serviteur et sujet ». Voilà qui est simple et clair. Mais « linguistiquement vôtre » – connaissant la violence des querelles d'écoles entre linguistes – que diable est-ce là comme salutation ?

Ma perplexité n'aurait jamais connu de terme, si je n'avais lu la lettre circulaire d'un théoricien des nombres qui, s'estimant désavoué par ses collègues, démissionne de ses responsabilités et, pour tirer sa révérence, recourt à la formule finale : « Arithmétiquement vôtre. » Là, eurêka. J'ai fait assez de théorie des nombres pour savoir ce que c'est, que porter des sentiments arithmétiques à quelqu'un. Aucun doute, c'est une formule de paix. Entre mathématiciens, on s'aime.

Maintenant que nous l'avons compris, exploitons ce procédé. Un spécialiste de microscopie électronique écrivant à un autre le saluera ainsi : « Je vous prie de croire à l'assurance de ma considération électro-microscopique. » Quant aux polémologues et aux thanatologues, leurs professions sont comme les autres, je présume : des sympathies y naissent, des hiérarchies y règnent. Alors, j'imagine un vieux polémologue terminant une lettre à un vieux collègue (et néanmoins ami) par ces mots les plus cordiaux du monde : « Très polémiquement à toi », ou encore un débutant en thanatologie sollicitant un grand professeur : « J'ai l'honneur d'être, Monsieur, votre très humble et très obéissant thanatologue. »

Fable. Le jeune chercheur, l'auteur débutant, ont eu une idée intéressante. Ils l'ont développée en une cinquantaine de pages. Le patron de recherche, l'éditeur, disent que c'est bien mais que c'est trop court pour faire une thèse, trop court pour faire un livre. Le jeune chercheur et l'auteur débutant obéissent : ils allongent la sauce. Selon leur tempérament, ils multiplient les redites, ou les remarques annexes, ou les références à de savants travaux antérieurs, ou les hypothèses de pistes prometteuses, ou les suggestions de généralisations qui mériteraient d'être tentées, etc., etc.

En récompense, la thèse est enfin soutenue, le livre paraît. L'auditeur de la thèse la trouve touffue, le lecteur du livre le trouve ampoulé. Trop de contorsions, où l'on se noie. En se donnant un mal terrible, ils parviennent à dégager l'essentiel. Extraite de sa gangue proliférante, l'idée initiale redevient intéressante.

Moralité. Faire et défaire, c'est toujours travailler.

Je pèse, sachez-le, une bonne kilo, et j'espère en peser deux, peut-être trois, le jour où je prendrai ma retraite. Le « poids » d'un universitaire, en effet, se mesure en nombre de pages publiées. J'en suis à mille et quelques – ce que j'appelle une kilopage. Abréviation : une kilo.

Cette nouvelle unité est imposée par les nécessités du temps. C'est en effet par milliards que les grandes bibliothèques entassent les pages imprimées ; c'est par millions que, chaque année, en France, naissent les pages supplémentaires. Le doute n'est pas permis : la page n'est plus une unité de mesure adaptée. Introduisons une nouvelle échelle de mesure pour le papier imprimé : la kilopage, la mégapage, etc.

Les mots ont du pouvoir. L'idée qu'il paraît chaque année des milliers de livres qui vont grossir les milliards de pages dans les bibliothèques est accablante. Nous sommes bien petits, face à ce déferlement. En revanche, quelques kilolivres s'ajoutant à quelques gigapages – il n'y a là plus rien d'effrayant.

Contrairement à une idée reçue, mais fausse, la curiosité n'est pas une vertu nécessaire au chercheur scientifique. Un homme curieux, en effet, s'intéresse à tout, au risque d'une certaine superficialité, sans assigner de limites *a priori* aux sujets dignes qu'il s'y attarde. Il est suffisamment peu attaché à sa propre façon de penser pour pouvoir accompagner celle des autres, fût-ce vers des chemins de traverse, voire des impasses. Il n'estime pas que sa spécialité personnelle est tellement centrale qu'il n'a pas grand-chose à attendre des autres ; mieux, même, il accepte de se tenir au courant des critiques portées contre elle, et les prend assez au sérieux pour y réfléchir. Prêt à s'investir à fonds perdus, sans but précis, il est peu sensible à la crainte de perdre son temps et d'être inefficace.

Mais je viens de décrire là l'exact inverse du chercheur – tel, du moins, qu'on le voit le plus fréquemment ! Le chercheur vise à la profondeur, quitte à devoir, pour y atteindre, s'immerger totalement dans sa seule spécialité. Il évite de perdre trop de temps – si ce n'est celui des loisirs – à se renseigner sur ce qui n'est pas susceptible d'être utile à sa spécialité. En somme, il n'est curieux que de ce qui le concerne. Et cela, c'est précisément n'être pas curieux.

Dans les années 1930, lorsque vous aviez trouvé un résultat, vous alliez le raconter à von Neumann. Ce dernier écoutait attentivement, puis répondait, selon les cas, soit : « Oui-oui-oui, c'est évident », soit : « Mais, ce n'est pas vrai ! » Il y avait toutefois une exception heureuse. Comment pouviez-vous être sûr d'avoir fait quelque chose de vraiment bien ? C'est que dans un tel cas, von Neumann commençait par s'exclamer : « Mais, ce n'est pas vrai ! » puis, ayant écouté vos explications supplémentaires, décrétait soudain : « Ah oui-oui-oui, bien sûr, c'est évident ! » (Chandler Davis, *The Mathematical Intelligencer*, vol. 15, n° 4, 1993.)

Les mathématiciens sont gens parfaitement précis et cohérents. Simplement, il faut comprendre leur langage. Lorsque von Neumann commence par dire : « Ce n'est pas vrai », cela ne signifie rien d'autre que : « Ce n'est pas évident. » Et quand ensuite il dit : « C'est évident », cela ne signifie rien d'autre que : « C'est vrai. »

Ainsi, « Ce n'est pas vrai et c'est évident » signifie : « Ce n'est pas évident et c'est vrai. » Mais attention à l'ordre des facteurs. Une phrase comme : « C'est évident et ce n'est pas vrai » n'a aucun sens.

Pour avoir cru et proclamé que la science était sur le point de tout connaître, les savants scientistes de la fin du XIXe siècle (Berthelot, Kelvin...) suscitent aujourd'hui la moquerie. L'histoire a montré combien leur position était naïve en même temps qu'arrogante. Champions de la modestie, nous estimons quant à nous que jamais notre savoir ne viendra à bout des mystères du monde. Et nous nous en félicitons : il restera toujours quelque chose à chercher.

Notre position n'est ni plus ni moins fondée que celle des scientistes. On ne peut pas plus prouver qu'il restera toujours de l'inconnu qu'on ne peut prouver le contraire. Décider de cette question est affaire non de science mais d'idéologie. Or, par un aspect au moins, la position actuelle est moins saine que celle du XIXe siècle. À force de nous réjouir d'avoir toujours quelque chose à découvrir, nous en arrivons à adopter une conception pour ainsi dire frivole de la science. Exemple. Lorsque des mathématiciens commentent une démonstration récente, ils la jugent bonne si elle ouvre de nouveaux champs de recherches, mais stérile si elle clôt un problème sans susciter de nouvelles questions. Stérile, oui, même si le problème qu'elle règle était fameux et avait fait « sécher » longuement la profession ! Qu'est-ce à dire, sinon que le seul intérêt d'un résultat réside dans le fait qu'il occupe les chercheurs ?

Dans leur enthousiasme, les savants du XIXe siècle étaient plus respectueux du savoir. Espérer, grâce à la science, connaître un monde sans mystère, c'est accorder à cette dernière un statut autrement plus élevé que d'en faire un divertissement pour chercheurs.

Une émouvante cérémonie vient d'avoir lieu dans les jardins de l'Institut mathématique de Paris : l'inauguration d'une statue érigée en hommage à Labsurde. Dévoilant la statue en présence des plus hautes autorités scientifiques, politiques et artistiques du pays, le Directeur de l'Institut a prononcé une allocution dont voici un extrait. « De tous les mathématiciens que la terre a portés, le plus fécond est sans aucun doute Labsurde. Depuis l'aube des temps, toujours productif, il a su éviter les pièges de la spécialisation : les raisonnements par Labsurde interviennent de façon décisive aussi bien en algèbre, en géométrie, en analyse. Sans eux, la majeure partie des mathématiques s'effondrerait. Beaucoup plus nombreux sont les théorèmes démontrés par Labsurde que par Gauss, Poincaré et Hilbert réunis. Gauss, Poincaré, Hilbert ont leurs monuments, Labsurde ne l'avait pas. Il n'était que temps de rendre hommage à ce créateur entre tous, ce *princeps mathematicorum*, cette étoile polaire de nos recherches. »

La statue, intitulée *Séquentielle III*, est due au sculpteur suisse Ludwig Stickelberger. Elle représente un ultrafiltre fractal chevauchant une suite récursive. Selon le sculpteur, une telle matérialisation d'objets purement abstraits est du plus bel absurde, donc parfaitement fidèle à l'esprit des mathématiques.

« La propriété, c'est le vol » proclament les anarchistes. Incluent-ils la propriété intellectuelle dans cette condamnation ? Si oui, ils ont raison : dans le domaine des idées, quasiment toute propriété résulte d'un vol. En mathématiques, par exemple, il n'est à peu près pas un « Théorème de Machin » qui soit effectivement dû à Machin. La contribution de Machin a consisté, au mieux, à donner un retentissement plus grand à un résultat déjà connu ; au pire, à s'en attribuer indûment la paternité.

Le théorème de Bézout existait avant que Bézout ne naisse ; la méthode de Cardan s'appelle ainsi parce que Tartaglia l'a expliquée à Cardan sous le sceau du secret, et que Cardan n'a pas tenu sa promesse ; l'ensemble triadique de Cantor semble avoir précédé Cantor ; Cauchy n'avait pas un an que « son » critère pour la convergence des séries était déjà connu ; d'Alembert n'a jamais démontré le théorème qui, en France, porte son nom ; les séries de Farey, le cercle de Feuerbach, la transformation de Fourier, la formule d'interpolation de Lagrange, l'équation de Riccati, la formule de Stirling, la transformée de Laplace, les séries de Maclaurin, la bande de Moebius, le logarithme népérien, le triangle de Pascal – autant d'attributions erronées (R. C. Gupta, « False Mathematical Eponyms », *Ganita Bharati*, vol. 19, nos 1-4, 1997).

Il existe cependant un résultat dont l'appellation est conforme à la morale courante : la règle de L'Hospital. Non que L'Hospital l'ait démontrée, bien entendu : elle est due à Johann Bernoulli. Seulement, le marquis de L'Hospital avait passé un marché avec Bernoulli. En échange d'une rente annuelle, Bernoulli s'engageait à travailler sur tous les problèmes que lui proposerait le marquis et à réserver à ce dernier l'exclusivité de ses découvertes. Pour connaître la gloire mathématique, le marquis de L'Hospital n'a donc eu qu'à acheter la règle qui porte son nom. Il faut vraiment être anarchiste pour trouver quelque chose à redire dans cette affaire...

Si vous surpreniez une conversation dans laquelle reviennent les mots « sexy » et « bonbon », vous vous laisseriez aller, sans doute, à imaginer quelque situation scabreuse avec, à la clé, mineures détournées grâce à des sucreries, ou autres vilenies. Hé bien, votre effort d'imagination serait très insuffisant. Ce qu'il faut imaginer est infiniment plus inattendu : une conversation mathématique.

Oui, « sexy » (en anglais : « sexy ») et bonbon (en américain : « candy ») ont fait leur entrée en mathématiques. Les « nombres premiers sexy » sont les couples de nombres premiers dont la différence est égale à 6 ; par exemple 5 et 11, 83 et 89, 101 et 107. L'étymologie de « sexy » est évidente : en anglais, « six » et « sex » se prononcent presque de la même façon. Mais ce fin jeu de mots ne se traduit pas en français. À mon avis, les mathématiciens français auraient mieux fait de s'en tenir à leur purisme langagier habituel. Eux qui ont souvent fait de louables efforts pour éviter les termes anglo-saxons, ils n'auraient pas dû conserver l'expression « nombres premiers sexy » mais, recourant à une formulation bien connue des traducteurs, donner la définition suivante : lorsque la différence entre deux nombres premiers est égale à 6, on dit qu'ils font un jeu de mots intraduisible en français.

Quant aux bonbons, ils ont peu de valeur nutritive mais sont agréables au goût. Le mathématicien Paulo Ribenboim recourt donc tout naturellement à ce terme pour désigner des propositions établissant des conséquences plaisantes, mais faciles, d'un gros théorème, voire d'une conjecture non encore démontrée : « Si telle ou telle difficile conjecture était vraie, alors on aurait tel ou tel joli résultat. » Pareil résultat, rigolo mais sans grande valeur en soi, Paulo Ribenboim l'appelle un bonbon. À quand la « suite » Charlotte ?

Dans ses souvenirs *Un mathématicien aux prises avec le siècle* (éd. Odile Jacob, 1997, p. 168), Laurent Schwartz ironise sur le manque de rigueur de ceux dont, dans sa jeunesse, il a suivi les cours. Pour les caricaturer, il dit qu'ils s'exprimaient ainsi : « La notion de variété est difficile à définir. Soit V une variété... » Et Schwartz d'ajouter – sur un ton péremptoire qui n'est sans doute pas étranger au fait qu'il fut membre éminent du groupe Bourbaki : « Après Bourbaki, ces déficiences disparaissent radicalement. »

Mais le monde n'a pas cessé de tourner depuis l'intervention de Bourbaki. Nous ne sommes plus « après Bourbaki » : nous sommes dans l'après-bourbakisme. Nuance ! Lisons ce qu'écrit William Thurston, mathématicien aussi éminent que Schwartz (il a, comme lui, obtenu la médaille Fields), mais de trente ans plus jeune : « Dans les deux premiers chapitres, les variétés sont abordées de façon intuitive, bien que les définitions formelles et les propriétés de base soient présentées seulement dans le chapitre trois » (*Three-Dimensional Geometry and Topology*, Princeton University Press, 1997, p. x).

En mathématiques comme partout, chaque génération reproche ses partis pris à la précédente, et les remplace par les siens.

Voilà une remarque intéressante, certes. Mais elle ne nous dit pas ce que c'est, une variété...

L'utilisation par les physiciens de la théorie des groupes esquissée par Galois un siècle plus tôt est un rebondissement extraordinaire, que nul n'aurait prévu. Ce genre de rebondissement est-il propre aux mathématiques ? Non : il s'en produit partout. Tel homme agit, d'autres hommes se saisissent de son œuvre et lui donnent un sens dans un contexte imprévisible. Vivaldi pouvait-il deviner combien ses *Quatre Saisons* exaspéreraient de gens attendant au téléphone qu'une administration les mette enfin en relation avec leur correspondant ? Quant aux jésuites partis évangéliser la Chine au XVIe siècle, comment auraient-ils imaginé qu'ils allaient, au contraire, contribuer à déchristianiser l'Occident, Voltaire ayant vu dans leurs descriptions de la Chine la preuve qu'on pouvait être civilisé sans être chrétien ? Voilà, parmi tant d'autres, des ruses de l'histoire aussi invraisemblables *a priori* que l'irruption des groupes dans la physique.

Quant à s'étonner que l'abstraction mathématique ait des applications concrètes, c'est oublier que l'abstrait et le concret, loin de s'opposer, sont en interaction. Concret comme la chair, notre cerveau n'en héberge pas moins l'imaginaire et ses abstractions. Toutes les entreprises humaines exigent la médiation des mots, donc toutes ont, pour ainsi dire, un pied dans la représentation abstraite. Les mots de la physique – « matière » ou « atome » – sont aussi abstraits que ceux des mathématiques – « structure » ou « groupe ». Les mathématiciens et les physiciens interprètent le même monde. Tantôt les premiers sont en avance sur les seconds, tantôt c'est l'inverse :

comme partout, les progrès naissent souvent d'un changement de perspective.

Le phénomène ahurissant serait que les mathématiques soient coupées de toutes les autres activités humaines. Uniques en leur genre, elles seraient les seules à ne pas participer au jeu de rebonds incessants des idées, d'une époque à une autre, d'un pays à un autre, d'une discipline à une autre. En ce cas, il faudrait s'émerveiller devant leur incroyable inefficacité, et s'interroger dessus.

Inutile de connaître un mot pour le comprendre immédiatement lorsqu'on l'emploie devant vous. Inutile, même, qu'il existe.

Écoutant une conférence de Jean-Pierre Bourguignon, j'ai entendu ce dernier affirmer que la thèse de Riemann est un des textes les plus « surlocutants » de l'histoire des mathématiques. L'étymologie de ce mot m'est apparue en même temps que je l'entendais pour la première fois : latin *loquor*, je parle, précédé d'un préfixe créant un superlatif. Expressif, bien formé, « surlocutant » sert à qualifier un propos extraordinairement dense et riche qui, poussant à son paroxysme l'efficacité de la parole, en dit bien plus qu'on n'en peut normalement dire et donne en peu de pages de quoi méditer longuement. Le mot ne figure pas dans le dictionnaire mais qu'à cela ne tienne : il va sûrement se répandre très vite.

Toutefois, poussant mon enquête, je me suis fait reprocher d'avoir mal compris. J.-P. Bourguignon, paraît-il, a dit que le texte de Riemann est « surlecutant ». Ce mot, qui n'est pas non plus dans le dictionnaire, bénéficie, lui aussi, d'une étymologie évidente grâce à laquelle il se comprend d'emblée. La décence, hélas, interdit de donner plus de précisions. Disons que le mot relève de l'argot potache, et tenons-nous en là.

Qu'une démonstration soit maladroite, excessivement longue, voire inutile – il n'en coûtait qu'au mathématicien, jusqu'à des temps récents. C'est lui qui avait perdu son temps, torturé pour rien sa cervelle – et voilà tout. Il payait seul. N'ayant de compte à rendre à personne, il était en droit, royal, de mépriser les questions matérielles, il pouvait se permettre de ne « pas savoir compter ». Tel n'est pas et n'a jamais été le cas des sciences de la nature. La cherté d'une expérience ou d'un procédé a toujours fait partie des paramètres que l'expérimentaliste doit prendre en considération.

Le mathématicien a perdu sa belle indifférence. Désormais, que ce soit pour démontrer des théorèmes ou pour étayer des conjectures, il recourt massivement (comme on dit) à l'ordinateur. Avec ce corollaire obligé : le devoir de limiter les dépenses. L'informatique a ramené les mathématiques dans le giron commun des soucis économiques. Cette nouvelle n'a rien pour réjouir.

L'enseignement étant trop dogmatique, de nombreuses personnes quittent l'école en ayant l'impression que les mathématiques procèdent par tout ou rien : vrai/faux, démontré/non démontré, rigoureux/non rigoureux. Du coup, lorsque ces gens entendent dire que telle conjecture fameuse – le théorème de Fermat jusqu'en 1995 ou l'hypothèse de Goldbach – n'est pas démontrée, ils en déduisent que rien n'est fait dans le domaine. Même ceux qui ont gardé du goût pour les mathématiques se dispensent de s'informer des nombreux résultats partiels. Lorsqu'ils font une remarque, ils croient donc être les premiers à la faire. Mieux encore : puisqu'elle donne un résultat, et qu'en mathématiques c'est tout ou rien, ils pensent qu'elle donne le résultat.

Ils proposent alors leur démonstration aux professionnels, soupçonnant ces derniers de manifester un esprit de corps étroit s'ils ne se précipitent pas, toutes affaires cessantes, vers leur démonstration comme vers une révélation. Vouloir se faire lire par les mathématiciens est légitime. Mais vouloir se faire lire d'eux sans avoir pris la peine de les lire au préalable ne l'est pas.

Tomber, au hasard d'une lecture, sur la réponse à une difficulté qui ne vous avait jamais troublé est fort agréable. Cela vous évite à la fois d'avoir à poser la question et d'avoir à la résoudre. Deux bénéfices d'un coup !

Voici donc la réponse : 1724.

Voici maintenant la question : faut-il lire 1724 ou 1728 ?

Au cas où ce qui précède manquerait de clarté, voici enfin quelques détails. Dans la première édition des *Voyages de Gulliver*, Gulliver rapporte que les lilliputiens lui ont fourni une ration de nourriture équivalente à celle de 1724 lilliputiens. La seconde édition remplace 1724 par 1728, et les commentateurs considèrent en général 1724 comme une erreur d'impression. Les lilliputiens étant 12 fois plus petits que Gulliver, leur volume est 1728 fois plus petit (le cube de 12 est 1728). Toutefois, un nouveau commentateur, Ralph Boas, s'élève contre cette interprétation. Swift décrit les lilliputiens comme aussi petits en esprit qu'en taille. Lorsqu'il dit qu'ils sont excellents mathématiciens, c'est ironique. La preuve, ils ne sont pas fichus de calculer le cube de 12. Il faut donc bien lire 1724, et rire devant cette erreur grossière. Swift a été victime de la correction d'un éditeur trop zélé.

Il va de soi que, pour trouver drôle l'inaptitude à calculer le cube de 12, il faut que le commentateur Ralph Boas soit mathématicien. Qu'on se rassure, c'est bien le cas. Quant à moi, par esprit de corps, j'ai désormais une opinion ferme et définitive sur cette question dont j'ignorais l'existence jusqu'à hier. Il faut lire 1724. Évidemment !

« La vérité est simple, et peut être toujours mise à portée de tout le monde, quand on veut en prendre la peine » écrivait d'Alembert (1717-1783) en conclusion de l'article « Différentiel » de l'*Encyclopédie*. Plus exigeant encore, Lagrange (1736-1813) estimait : « Un mathématicien n'a pas parfaitement compris ses propres travaux tant qu'il ne les a pas clarifiés au point de pouvoir aller dans la rue les expliquer à la première personne venue » (cité par Paul Hoffman, *Erdös*, Belin, 2000, p. 188). Agissait-il effectivement ainsi, ou sa posture relève-t-elle du pur fantasme ? Aux historiens de le dire. Reste que, jusqu'au XIXe siècle, partager fut considéré comme un idéal intellectuel par de nombreux savants.

Presque plus rien de tel aujourd'hui. Aux yeux des chercheurs, sauf rares exceptions, soumettre leurs ultimes découvertes aux réactions du tout-venant serait une tentative absurde, contre-productive. Même celui qui aime vulgariser prétend moins se confronter au premier venu qu'instruire des gens avertis. En outre, il n'espère pas de ses lecteurs un regard neuf donc, peut-être, instructif à son tour. Il donne mais ne partage pas.

Que penser de cette évolution des mentalités ? Question de goût, comme chaque fois qu'il s'agit d'interpréter un fait. L'un approuvera. Les modernes ne font que tirer la leçon de la formidable complexité atteinte par la science ; prétendre que n'importe qui peut la comprendre serait pure démagogie. L'autre critiquera. Au XVIIIe siècle, le calcul différentiel n'était pas moins ésotérique que, par exemple, la physique corpusculaire aujourd'hui ;

seulement, les savants du XVIIIe siècle, humanistes, s'astreignaient à un effort que les chercheurs du XXIe, purs techniciens, préfèrent éviter.

Quant à nous, précautionneux, gardons-nous d'approuver comme de critiquer. Car, mine de rien, cela revient à trancher un problème de type poule/œuf. C'est, bien sûr, parce que l'envie d'expliquer aux autres est déjà là que naît la possibilité de le faire. Et c'est, bien sûr, parce que la possibilité d'expliquer aux autres est déjà là que naît l'envie de le faire. Contentons-nous de profiter du bon côté de l'histoire : l'insécurité a diminué dans nos rues, puisque l'innocent citoyen peut désormais s'y promener paisiblement sans plus craindre d'être harponné par un savant qui ne le lâchera pas tant que son message n'aura pas été compris.

Lorsqu'il trouvait l'atmosphère étouffante, Alphonse Allais proposait d'ouvrir une parenthèse. Prenons modèle sur lui, et allons prendre l'air dans la nature.

Promenons-nous en suivant une courbe du chien. N'ayons pas peur du serpent, animal utile, et n'écrasons pas le limaçon. Qu'il est beau, ce canard, dont l'aile étonnante rappelle la queue d'aronde ! Admirons la singularité de l'éléphant, suivons les étranges lignes du zèbre. Ne caressons pas le hérisson, bien sûr. Renonçons à ramasser le fer à cheval tombé par terre : il ne nous appartient pas. Et méfions-nous du papillon, dont l'effet est théâtral.

Alphonse Allais plaisantait... Hé bien, nous aussi. Le charme de la description ci-dessus provient non de sa grâce à évoquer la nature, mais du fait que les noms d'animaux qui y figurent sont tous empruntés... aux mathématiques ! Inspirés par des similitudes de formes ou de propriétés, les mathématiciens puisent dans la zoologie pour nommer certains de leurs objets. Oui, leur hérisson, abstrait, a quelque chose de commun avec celui de la nature.

Cessons maintenant de plaisanter. Considérons un astre sur lequel les mathématiciens sont apparus avant que les dinosaures n'aient disparu. Là, les mathématiques s'inspirent tout naturellement du stégosaure, du dimétrodon ou du parasaurolophus. Au lieu d'écrire des articles sur les « hérissons projectifs », les « multihérissons » ou les « queues d'arondes » (je n'invente rien), les mathématiciens de cet astre en écrivent sur les « multistégosaures projectifs » ou les « queues de parasaurolophus ». La question n'est pas de savoir si ces termes-là sont jolis, mais si ces mathématiques-là étudient la même chose que les nôtres. Et la réponse est : non, puisque leurs objets ont des formes semblables aux formes d'autres animaux.

Donc les mathématiques ne sont pas universelles.

Lorsque la mode était à enseigner les sept preuves de l'existence de Dieu, certains esprits forts – et néanmoins avisés – rétorquaient que, si ces preuves étaient vraiment décisives, une seule suffirait largement : à trop vouloir prouver...

Révérence gardée, on retrouve à peu près la même idée dans des romans policiers. Résumons. Les soupçons se sont focalisés sur un individu ; les explications convaincantes pour lesquelles il aurait commis le meurtre prolifèrent. Vient alors le moment inéluctable où le détective songe : « Tout cela fait trop de bonnes raisons, donc aucune n'est la bonne. » Suite à quoi, bien entendu, il découvre que le coupable, en effet, n'est pas celui que « tout accusait ».

Commune aux esprits forts et aux détectives, cette observation éclaire d'un jour inquiétant le petit jeu cher aux mathématiciens qui consiste à multiplier les démonstrations différentes de certains résultats majeurs. Leur arsenal contient au moins dix démonstrations indépendantes du théorème fondamental de l'algèbre (alias théorème de d'Alembert), cinquante de la loi de réciprocité quadratique, trois cents du théorème de Pythagore... Abondance de biens ne nuit pas, dit-on. Voire... Pourquoi les mathématiciens seraient-ils logés à une autre enseigne que Dieu ou les assassins ? En s'acharnant à trouver une démonstration supplémentaire d'un résultat déjà connu, ils éveillent automatiquement la suspicion non seulement sur la pertinence des démonstrations précédentes, mais encore sur la véracité du résultat ! S'il était vrai, éprouveraient-ils ce besoin impérieux de s'en convaincre par des voies si diverses ?

Osons donc le dire : plus nombreuses sont les démonstrations du théorème de Pythagore, plus il devient douteux. Et, par conséquent, plus devient urgent d'en proposer enfin la démonstration !

Certains objets de l'histoire des sciences sont devenus des vedettes de l'iconographie. Les hémisphères de Magdebourg, le baromètre de Torricelli, la machine à calculer de Pascal, l'ombre de Thalès au pied des Pyramides, et autres images fabuleuses, reviennent illustrer avec une persévérance parfois lassante les livres d'enseignement ou les ouvrages de vulgarisation.

Chose étonnante, l'objet le plus célèbre des mathématiques reste invisible. Jamais on ne voit reproduite la note portée à la main par Fermat dans la marge d'un livre, où il affirme avoir démontré son fameux Grand Théorème. Il est vrai que la démonstration ne figure pas dans la note, Fermat ayant jugé la marge trop étroite. Il est vrai que les commentateurs actuels sont convaincus qu'en fait, il n'avait pas de démonstration : il s'était trompé. N'empêche, cette marge a été à l'origine de 350 ans de travaux acharnés, ce qui l'a rendue légendaire. Elle mérite sans aucun doute de figurer en frontispice de tous les cours d'arithmétique. Pourquoi n'est-ce pas le cas ? La raison est aussi simple qu'imparable : le livre sur lequel Fermat a griffonné serait perdu – et sa marge avec. On n'en connaît l'existence que par l'intermédiaire d'un contemporain de Fermat. Les meilleurs mathématiciens ne peuvent montrer que ce qu'ils ont.

Toutes les disciplines ont leur Atlantide, leur objet perdu qui accède, par sa perte même, à la dimension d'un mythe. Modèle à jamais insurpassable, puisqu'on ne peut plus s'en inspirer. Les plus belles tragédies grecques sont celles que nous n'avons plus, les livres de la bibliothèque d'Alexandrie étaient des chefs-d'œuvre comme nous ne savons plus en écrire, la musique n'a pas retrouvé le secret du vernis de Stradivarius, la sculpture a renoncé à connaître le visage de la Victoire de Samothrace... Il est révélateur de l'esprit bien particulier des mathématiciens que leur objet perdu à eux soit non pas une démonstration, mais une absence de démonstration !

Lors des débats sur les mathématiques, une suggestion revient souvent de la part du public : si leur histoire était enseignée, les notions n'apparaîtraient pas comme tombées du ciel ; en sachant d'où elles viennent, les élèves auraient moins de mal donc suivraient mieux.

Comme si on simplifiait un problème en lui en adjoignant un autre ! L'histoire des mathématiques n'est pas d'accès plus immédiat que les mathématiques. Une notion qui paraît pertinente, claire, efficace aux mathématiciens modernes est issue de réévaluations constantes et jamais définitives de notions jugées aujourd'hui moins pertinentes, moins claires, moins efficaces – donc plus difficiles à saisir. Une part de l'effort des mathématiciens consiste à dégager l'essence des idées entrevues par leurs prédécesseurs afin de mieux comprendre ce qu'ils ont « voulu dire ». Pour une voie fructueuse, il y a eu, là comme partout, mille culs-de-sac. Étudier l'histoire de ces explorations presque toutes vaines est d'une haute complexité.

Bien entendu, l'histoire permet de mettre en perspective. Elle aide à voir que, en privilégiant tel aspect, les mathématiciens sont contraints de renoncer à d'autres aspects ; ou que de fortes personnalités imposent parfois des points de vue qui ne sont pas les meilleurs. Tout cela est bon à raconter aux élèves lors de digressions. Ce temps volé au programme leur permet de se changer les idées, au sens propre du terme. Mais croire les aider en ajoutant une matière de plus – avec examen à l'appui, très certainement (ô encyclopédisme maudit !) – c'est croire que, plus on charge un baudet, plus il court vite.

L'histoire n'est pas la panacée universelle. L'histoire d'un problème n'est pas la voie royale pour comprendre le problème : elle est un autre problème.

Mahler... Pour certains, c'est le nom d'un musicien. Pour d'autres (qui peuvent être les mêmes, d'ailleurs), c'est celui d'un mathématicien. Et s'il court des anecdotes sur le musicien Gustav Mahler (1860-1911), il en court aussi sur le mathématicien Kurt Mahler (1903-1988). En voici une. Il est arrivé à Mahler – cruelle mésaventure ! – de trouver un théorème en croyant à tort être le premier. Alors que l'article où il énonçait ce théorème était déjà en cours de publication, Mahler fut prévenu qu'il avait un prédécesseur. Honnête, il ajouta *in extremis* une note lui rendant justice. Ce genre de rencontre malheureuse est relativement banal pour un mathématicien. Ce qui est moins banal – et que Mahler se garda bien de dire dans sa note – c'est qu'il avait été lui-même rapporteur de l'article dudit prédécesseur ! Oui, c'est à Mahler que s'était autrefois adressée la revue qui voulait savoir si l'article méritait qu'elle le publie... Mais Mahler avait, depuis lors, tout oublié. Allez croire à un « progrès cumulatif des sciences » après cela...

Le plus triste est que cet infortuné devancier n'a pas laissé de souvenir marquant. La plupart des mathématiciens ignorent jusqu'à son nom. J'ai consulté les érudits : il s'agirait d'un nommé Christer Lech. Le voilà-t-il tiré de l'oubli ?

Moitié d'un carré parfait (ou le double, au choix), le nombre 2592 n'a pas d'autre facteur premier que 2 et 3, preuve qu'on peut obtenir de grands nombres à l'aide de petits. Est-il abondant, déficient, parfait, tordu, oblong, harmonique, congruent, hexagonal, pseudo-premier ? Est-ce un nombre de Schur, de Carmichaël, d'Euler, de Catalan, de Fibonacci ?... N'examinons pas ces questions, faciles pour qui connaît les termes ci-dessus mais dénuées de sens pour qui les ignore.

D'autant qu'elles sont sans rapport avec le problème posé, lequel relève de la sécurité publique. Selon *Sud-Ouest* en effet (5 août 2001), l'Institut national de l'environnement et des risques industriels, dans un rapport à la SNCF, examine tous les scénarios d'incendie possibles dans les tunnels empruntés par les TGV. Et il en trouve 2592. Oui, chaque fois qu'on ressort sans encombre d'un tunnel, c'est qu'on a échappé à 2592 incendies potentiels. Pas un de moins, pas un de plus.

Divulgué dans la presse, le nombre 2592 rassurera-t-il le public, en lui montrant avec quel soin tous les risques sont envisagés afin d'être mieux écartés ? Pour ma part, cette précision délirante m'inquiéterait plutôt quant au bon sens de ceux qui veillent à notre sécurité. Enfuyons-nous alors vers l'abstraction, lieu tranquille et à l'abri des incendies. En bons théoriciens des nombres, introduisons une nouvelle classe de nombres. Définition : on appelle « nombre terrifiant » un entier dénombrant toutes les catastrophes envisageables dans un contexte donné. Nous avons vu que 2592 est un nombre terrifiant. 15552 en est un aussi, puisqu'il est égal au nombre de façons différentes de se casser la jambe gauche (je viens de faire le calcul). Comme toutes les suites d'entiers, la suite des nombres terrifiants pose de belles questions. Y a-t-il une infinité de nombres terrifiants ? Sont-ils tous pairs ? Quel est l'ordre de grandeur du *n*-ième ? Existe-t-il des nombres à la fois terrifiants et parfaits ?

La théorie des nombres n'est jamais si passionnante que quand on l'applique aux problèmes de la cité.

L'histoire de l'humanité est une suite d'occasions manquées. Vers les années 1950-1960, des notions nouvelles s'étant imposées en mathématiques, il a fallu trouver des noms, eux aussi nouveaux en mathématiques, pour les désigner. Le géomètre Jacques Tits proposa les termes « squelette », « cimetière » et « ossuaire ». Ces notions sont, paraît-il, devenues aujourd'hui centrales dans d'importants chapitres de géométrie. Hé bien, que croyez-vous qu'ont fait ces nigauds de mathématiciens ? Ils ont peu à peu renoncé aux mots proposés par Jacques Tits, les remplaçant par « mur », « appartement » et « immeuble ».

Erreur fatale ! Cette substitution de termes a ruiné la meilleure chance qu'avaient les mathématiques d'attirer le public, en particulier celui d'âge scolaire. Les jeunes apprécient par-dessus tout les jeux morbides et les messes noires, les histoires d'ossements et de revenants, les fantômes et les spectres, les têtes de mort et les tibias en croix. Si les mathématiciens avaient eu assez de jugeotte pour conserver les termes évocateurs avancés par Jacques Tits, on aurait assisté à ce spectacle merveilleux : des foules de parents d'élèves inquiets de voir leurs enfants se consumer nuits après nuits dans leur passion fiévreuse pour les mathématiques.

On ne peut guère se poser de questions plus complexes que celles ayant trait à l'organisation de la société : comment voulons-nous vivre, pour quoi faire, quels sont nos idéaux, etc ? À ces questions, on ne peut guère imaginer de façon plus simple de répondre : de temps en temps, nous mettons dans une urne un bulletin portant le nom de Dupont ou celui de Durand. L'élu n'aura qu'à s'occuper de tout. Faites au mieux, merci d'avance.

Inversement, on ne conçoit pas question plus simple à poser que celle sur l'unicité de la parallèle à une droite donnée passant par un point donné – ni réponse plus complexe que celle apportée par les mathématiciens.

En mathématiques comme en politique donc, il n'y a aucun lien entre la complexité d'une question et la complexité de la réponse. Autant dire que ces deux disciplines sont aussi insatisfaisantes pour l'esprit l'une que l'autre. D'où une question : existe-t-il des disciplines satisfaisantes, c'est-à-dire au sein desquelles la complexité d'une réponse est toujours égale à la complexité de la question ? Ma question est simple, j'attends une réponse de même.

Habilitations, thèses, promotions, départs à la retraite, etc : en mathématiques comme ailleurs, les occasions de pots ne manquent pas. Suite à quoi, il faut payer le traiteur. Un jour, certain laboratoire de mathématiques pures a ainsi reçu une facture, que la poste lui a transmise sans hésitation bien qu'elle ait été adressée... au laboratoire de mathématiques dures !

O faute de frappe révélatrice ! On n'imagine que trop bien l'employé en train de taper cette adresse. Il a quitté l'école à 16 ans et n'a aucun souvenir des mathématiques, le pauvre, sinon que c'était dur, très dur. Mathématiques pures, mathématiques dures...

Que cet employé se console ! Ses déboires appartiennent au passé. Ceux du mathématicien appartiennent au présent, eux, tant les mathématiques sont cruelles avec celui qui les choisit. Au long de sa vie, il passe bien plus de temps à sécher que le collégien rétif. Et il est plus mortifié si un autre réussit là où il a échoué. Au lieu de le voir comme un détestable surhomme qui rit là où les autres pleurent, voyez plutôt en lui un compagnon de misère.

Oui, la dureté caractérise la vie du mathématicien à un point tel que notre laboratoire serait bien inspiré, je crois, d'adopter l'involontaire suggestion de l'employé. Qu'il se rebaptise et, sans faux-fuyant, se fasse appeler « laboratoire de mathématiques dures » ! Ce changement pourrait être, en outre, l'occasion d'une heureuse réunification avec un vieux concurrent, le laboratoire de mathématiques appliquées, dont les mathématiques ne sont pas moins dures que les pures...

« La durée correcte d'une conférence plénière dans un congrès est environ 10^{-6} siècle (1 microsiècle), soit à peu près cinquante-deux minutes. »

Pour percevoir les choses ainsi, il faut évoluer dans un monde éthéré, un monde où évaluer en angströms la distance entre galaxies n'est pas plus déraisonnable qu'évaluer en parsecs la distance entre quarks – pourvu bien sûr que les mesures soient exactes ! De fait, la remarque ci-dessus est due (on ne s'en étonnera pas) à un mathématicien « pur », Alf van der Poorten.

Reste à l'interpréter. Elle peut être un sage rappel à la modestie, une façon de dire : que sont nos conférences pour les siècles ? Elle peut être l'expression d'un rare orgueil. Car aucune science ne prétend garantir ses résultats pour l'éternité, sinon les mathématiques. Alors, exposer en 10^{-6} siècle ce qui va défier les millénaires relève du sublime : que sont les siècles pour les mathématiques ?

Les deux interprétations sont contradictoires et, pourtant, probablement justes l'une et l'autre. Quand on vous dit que les mathématiques sont capables de faire des miracles !...

« Madame, les raisonnements de mathématique sont faits comme l'amour. Vous ne sauriez accorder si peu de chose à un amant, que bientôt après il ne faille lui en accorder davantage, et à la fin cela va loin. De même, accordez à un mathématicien le moindre principe, il va vous en tirer une conséquence qu'il faudra que vous lui accordiez aussi ; et de cette conséquence encore une autre ; et malgré vous-même il vous mène si loin, qu'à peine le pouvez-vous croire. Ces deux sortes de gens-là prennent toujours plus qu'on ne leur donne » (*Entretiens sur la pluralité des mondes habités*, Cinquième Soir).

Les scientifiques modernes n'ont pas perdu le sublime savoir-faire que Fontenelle exalte. Prenons-en un, de scientifique moderne, et accordons-lui moins encore qu'un principe : une simple feuille de papier blanc. Partant de ce peu de chose, il va aller loin. Comment ? En photocopiant la feuille ! La Marquise des *Entretiens* objecterait que la feuille ainsi obtenue est tout aussi vierge que la feuille initiale. Vrai. Mais il la photocopie à son tour, recommence avec la nouvelle photocopie, insiste sans se lasser. Au bout d'une quinzaine d'itérations, il obtient quelque chose d'intéressant ! La science ne connaît pas le surplace. La feuille initiale n'est jamais parfaitement vierge, la vitre de la photocopieuse présente quelques grains de poussière : d'une photocopie à l'autre, des taches naissent, s'agrègent, grossissent et, phénomène remarquable, finissent par s'agencer en structures géométriques relativement stables. D'où des questions sur la neurophysiologie de la perception visuelle (Leon Glass, « Looking at Dots », *The Mathematical Intelligencer*, vol. 24, n° 4, 2002).

La science confirme l'intuition de Valéry qui a écrit « Que l'univers n'est qu'un défaut / Dans la pureté du Non-être » (*Charmes*, « Ébauche d'un serpent »).

Je ne me mêle pas de politique. Je dis simplement qu'on commence à avoir assez vu Nicolas Sarkozy. Faire parler de lui jusque dans les revues de mathématiques, c'est, de sa part, exagérer. Voici comment a procédé l'astucieux personnage.

Lorsqu'un mathématicien en rencontre un autre, que se racontent-ils ? Des histoires de mathématiciens, évidemment, lesquelles consistent en général à imaginer de concert des problèmes compliqués puis à se mettre illico, mais pour longtemps, à sécher dessus. Si, par exemple, les mathématiciens Jean Martin et John Smith collaborent, le patrimoine mondial de l'humanité a donc toutes les chances de se voir tôt ou tard enrichi d'une « conjecture de Martin Smith ».

Assez de théorie, passons à la pratique. Dans les années 1990, le Français Jean-Louis Nicolas et le Hongrois Andras Sarkozy ont connu le bonheur de travailler ensemble donc, inéluctablement, celui de sécher ensemble. Ils sont ainsi devenus les pères d'une conjecture qui fait leur gloire internationale puisque, à l'heure qu'il est, la profession continue de s'échiner dessus. Dans le *Journal of Number Theory*, vol. 95, pp. 209-226, 2002, on peut lire un article de Fethi Ben Saïd intitulé « On a Conjecture of Nicolas Sarkozy ».

Vu la remarquable symétrie en miroir des voyelles de son nom (Nicolas Sarkozy : i-o-a/a-o-i), on aimerait que la conjecture porte sur la façon d'engendrer des mots à partir de lettres soumises à quelque contrainte. Non. Elle concerne des partitions au sein des nombres entiers. Même en mathématiques, les plus belles histoires ont leurs imperfections.

En l'an 850 de notre ère, mourait un mathématicien de l'école de Bagdad, Muhammad al-Khwarizmi, dont le nom est à l'origine du mot algorithme. Mais que de métamorphoses sur le chemin qui, du IXe siècle au XXIe, mène d'un nom arabe à un mot français ! Qu'on en juge.

Au XIIe siècle, Jean de Séville publiait un *Liber Algorismi de practica arismetrice*. Datant de la même époque, existe également un *Liber Ysagogarum Alchorismi in artem astronomicam*. Au XIIIe siècle, un manuscrit de Cambridge portait en titre *Dixit Algoritmi*. En 1554, apparaît le mot *Algorithmus*. (Informations prises au vol lors d'une conférence du mathématicien et historien des sciences Ahmed Djebbar).

Bientôt, sûrement, le mot algorithme subira un nouvel avatar. Il s'écrira, à l'américaine, *algorithm* – ce qui (effroyable th pour les langues françaises !) se prononcera algorizeume. Ainsi honorcrons-nous, en un seul mot et en toute équité, à la fois l'ancien mathématicien arabe et les États-Unis modernes, rois de l'informatique donc des procédures algorithmiques.

Énumérer les termes *algorismi*, *alchorismi*, *algoritmi*, *algorithmus*, *algorithme*, *algorithm* est intéressant, certes, mais trouver la loi qui détermine et explique leur succession serait plus fondamental. Cette loi, bien entendu, est elle-même un algorithme. Hélas, je ne parviens pas à l'expliciter. Le lecteur saura-t-il modéliser les informations ci-dessus et en induire l'algorithme régissant l'évolution du nom d'al-Khwarizmi au fil des siècles ? Je vois deux avantages à cet effort théorique. Il permettrait de détecter les inexactitudes que je n'ai pas manqué de commettre en retranscrivant la conférence d'Ahmed Djebbar. Et il permettrait de prévoir dès aujourd'hui la prochaine transformation qui sera imposée au nom d'al-Khwarizmi, ainsi que le pays et le siècle où elle se produira.

Quand un enfant adresse une lettre au Père Noël, c'est attendrissant, parfois émouvant. Quand, à l'incitation des media et des commerçants, une foule d'enfants agit ainsi, cela devient aussi affligeant que la société de consommation. Mais à qui devons-nous la mode des lettres au Père Noël ?

Comme souvent, ce qui est aujourd'hui banalité fut jadis l'apanage d'une élite. Deux de nos meilleurs esprits, pas spécialement connus pour leur puérilité, ont écrit, et dans leur âge mûr encore, au Père Noël : René Descartes et Blaise Pascal. Eux, en outre, savaient obtenir autre chose que des réponses lénifiantes ou stéréotypées. Avec le Père Noël, ils eurent même parfois de véritables polémiques.

Le Père Noël en question, Etienne de son prénom, était en fait un Révérend Père, physicien et recteur du collège de La Flèche, où Descartes fut élève. Comme on est peu maître de l'effet qu'on produit sur la postérité ! Impossible, aujourd'hui, de voir sans sourire une « Lettre au Père Noël » signée de Descartes ou de Pascal. Ces grands enfants ! Pascal eut avec le Père Noël une controverse restée célèbre. Elle portait sur le vide. Voilà un sujet on ne peut mieux adapté à ce que représente de nos jours le Père Noël. Preuve que, lorsqu'un esprit est vraiment supérieur, on peut s'amuser à le prendre à total contresens, il garde toujours sa pertinence.

Quatre fantaisies montrant que l'arithmétique élémentaire peut offrir des surprises. On dit que la soustraction est l'opération inverse de l'addition. Si c'était vrai, les deux phrases « A a un peu plus de dix ans de moins que B » et « B a un peu moins de dix ans de plus que A » seraient synonymes.

On dit que moins multiplié par moins fait plus. Si c'était vrai, les phrases « Ma réserve de chocolat n'est hélas pas infinie » et « Ma réserve de chocolat est hélas finie » seraient synonymes. Mieux encore, ma pâtisserie favorite, qui est fermée, d'une part, tous les lundis et, d'autre part, tout le mois d'août, serait donc ouverte tous les lundis du mois d'août.

On dit que le tout est plus grand que la partie. Pourtant, les économistes, pour se moquer eux-mêmes de leurs fréquentes erreurs de prévisions, se plaisent à proclamer : « Nous avons su prévoir 7 des 5 dernières récessions ! »

Enfin, un ami mathématicien m'a doctement expliqué qu'il y a trois catégories de mathématiciens : ceux qui savent compter, ceux qui ne savent pas compter.

Les frères Goncourt seraient moins fameux si Edmond n'avait instauré le prix Goncourt. Fields, dont le nom inspire tant de respect aux mathématiciens, doit cela non à ses travaux mais à la médaille instituée par lui. Enfin, rares seraient les érudits qui connaîtraient le nom de l'inventeur de la dynamite, si ledit inventeur n'était à l'origine de la plus convoitée de toutes les récompenses, le prix Nobel.

À côté de cela, des centaines de donateurs ont financé des prix censés, année après année, honorer quelque vivant talentueux tout en perpétuant la mémoire du donateur. Mais, même bien dotés, la plupart de ces prix végètent et ne sont connus de personne, sinon des heureux lauréats et des académies chargées de les décerner.

Immortaliser son nom en créant un prix n'est donc pas facile. C'est un réel exploit. Les rares qui y parviennent méritent d'être, à leur tour, récompensés. J'institue donc un prix qui sera attribué, à titre posthume, une fois par siècle (car il faut du recul) à celui qui, pendant le siècle écoulé, aura le mieux su s'immortaliser grâce au prix qui porte son nom. Au titre du XXe siècle, le prix Nordon est attribué à Nobel.

« Pourquoi existe-t-il quelque chose plutôt que rien ? » Cette question, chère aux philosophes, nous vaut de leur part une quantité appréciable de papier imprimé. C'est à se demander une fois de plus si, avant de se mettre à réfléchir, ils ont pris la peine de s'informer sur la réalité des faits.

Consultons en effet un catalogue de titres de livres. Qu'apprenons-nous ? D'abord que *La mort n'existe pas*, ce qui est un soulagement mais pas une surprise : les auteurs de ce livre se réclament du spiritualisme ; or leurs ennemis jurés – les rationalistes – avaient, par la plume d'Ernest Kahane, écrit jadis un livre proclamant exactement le contraire : *La vie n'existe pas !* Match nul, donc. Relevons aussi un *Dieu n'existe pas, il l'a toujours dit* - paradoxe d'autant plus spirituel, que l'auteur du livre est pasteur. Autre paradoxe, un énorme ouvrage intitulé *La matière n'existe pas* : ce « grand traité sur l'immatérialisme » donne... matière à un pavé de 800 pages !

S'il n'y a pas de matière, comment y aurait-il des villes ? De fait, le catalogue signale *Lisbonne n'existe pas* et *Corte n'existe plus* et même (ce qui personnellement me trouble plus) *Preuve évidente que Bordeaux n'existe pas* (aux éditions de l'Horizon Chimérique). Les arts ne sont pas mieux lotis : *Les mathématiques pures n'existent pas !* proclame un auteur chez Actes Sud ; *La poésie n'existe pas* renchérit un autre chez Gallimard. Plus inattendu : un éditeur spécialisé en philosophie, L'Éclat, nous informe que *La volonté de puissance n'existe pas.*

Que reste-t-il alors de nos vies ? Pas grand-chose. Sachant d'une part que *L'adolescence n'existe pas* (éd. Odile Jacob) et d'autre part que *Demain n'existe pas* (par Julien Green), rien d'étonnant à ce que *La personne âgée n'existe pas* (éd. Payot). C'est logique ! Si vous avez des faiblesses, ne vous inquiétez pas, aucune ne peut être bien grave : *Le toxicomane n'existe pas* (éd. Anthropos), *Les cancres n'existent pas* (Seuil), *Les fautes d'orthographe n'existent pas* (éd. Trédaniel). Ce dernier ouvrage relève du spiritisme, de même que *Le hasard n'existe pas* (éd. Astra). Après cela, des titres comme *Les dragons, ça n'existe pas* ou *Le Père Noël n'existe même pas* paraissent reposants ; laissons-les aux petits enfants.

Allons, philosophes, courage ! Debout au milieu de ces décombres, expliquez-nous donc pourquoi il n'existe rien plutôt que quelque chose.

Dans le cerveau, certes, mais cette réponse est vague. On comprend que des techniques perfectionnées de localisation cérébrale soient mises à contribution pour déterminer quelles zones sont activées lors des périodes de créativité.

Seulement, quand sera résolue la question « Où naissent les idées ? », une deuxième se posera : « Où est née l'idée de se demander où naissent les idées ? » Et ce sera le début de la fin. Qui dit deux dit l'infini. La récurrence s'est amorcée, rien ne pourra plus l'arrêter. La deuxième question réglée, une troisième viendra, inéluctable : « Où est née l'idée de se demander où est née l'idée de se demander où naissent les idées ? » Etc, jusqu'à l'infini.

Pour une fois, ce formalisme rigide ne se réduit pas, je crois, à un pur jeu de l'esprit. À sa façon, il dit que, quels que soient les progrès de l'imagerie cérébrale, nous ne saurons jamais ultimement ni ce qui se produit dans un cerveau lorsqu'y jaillit une étincelle, ni pourquoi elle y jaillit.

Cette impossibilité de savoir d'où viennent les idées rend décevantes les réponses des chercheurs et artistes célèbres lorsqu'on leur demande comment ils trouvent leur inspiration. Au lieu de nous enseigner dans quel état nous devons mettre notre cerveau pour qu'il soit siège d'idées fulgurantes comme le leur, ils répondent par des anecdotes à côté du sujet. « Je ne puis travailler sans musique de fond », ou « Je fais de grandes marches dans la nature en ne pensant qu'au problème qui me préoccupe », ou encore « J'ai été soudain frappé par la ressemblance inattendue entre tel phénomène et tel autre »... Ces réponses sont

frustrantes parce qu'elles ne dévoilent rien : ni comment ça se passe, ni où ça se passe. Elles ne révèlent pas le secret grâce auquel, nous aussi, pourrions avoir des idées géniales. C'est que, ce secret, nul ne sait le percer. Pas même celui qui en a, des idées géniales.

Un texte intellectuel se caractérise par son usage des citations. Or il n'y a guère que trois façons de citer.

La *citation-parapluie*, pour se couvrir. Exemple. Je juge que Finkielkraut occupe plus de place dans les médias que ses talents ne le justifient, mais je n'ose pas l'attaquer de face. Qu'à cela ne tienne ! Bouveresse l'a accusé de pratiquer le copinage. Je cite donc Bouveresse et, abrité derrière son autorité de professeur au Collège de France, je ne crains plus que Finkielkraut vienne me chercher noise.

La *citation-trampoline*. Prendre un texte d'un auteur canonique, Freud par exemple (c'est un de ceux avec qui elle réussit le mieux). Décortiquer le texte, le commenter, explorer longuement quelque piste extraordinaire ouverte par lui, puis revenir au texte et expliquer qu'on peut l'interpréter tout autrement, fouiller non moins longuement cette nouvelle voie, revenir encore au texte pour analyser ses limites, montrer comment les dépasser, revenir encore et toujours au texte, décidément inépuisable, afin d'en souligner l'étonnante modernité, etc. À force de s'élancer depuis le texte, de retomber dessus, de rebondir de plus belle, le glosateur arrive tellement haut qu'il finit par passer pour aussi profond que Freud (dans ce cadre, profond et haut sont synonymes).

La *citation-surf* est répandue en sciences humaines. Pastichons (à peine, hélas). *Il y aurait toute une archéologie, au sens foucaldien, à repérer dans la déconstruction (Derrida) qui – sous l'effet de l'incertitude heisenbergienne conjuguée à l'incomplétude gödelienne, sous couvert de la relativité einsteinienne – a fait passer notre imaginaire (nous empruntons le terme à Gilbert Durand) d'une foi laplacienne dans le déterminisme jusqu'à ce sentiment*

moderne (Baudrillard) de complexité cher à Edgar Morin et fondateur de l'imaginaire social (Castoriadis) contemporain. Quiconque recourt à la citation-surf démontre *ipso facto* que sa pensée coïncide avec l'ensemble vide. Inutile de s'imposer la pénible lecture de son livre, on peut le refermer sans manquer quoi que ce soit. Malgré son apparence désagréable, la citation-surf est donc, pour le lecteur, une aubaine.

Se déclarer chercheur scientifique peut paraître outrecuidant. Cela ne revient-il pas à déclarer qu'on fait le même métier qu'Einstein, Gauss, Poincaré et quelques autres du même calibre ? Intimidés par ce voisinage, beaucoup de scientifiques préfèrent se vivre comme de simples tâcherons, voués à accumuler de petits travaux. Et, disent-ils, ces petits travaux permettront aux rares grands génies de disposer d'un matériau auquel ils sauront donner sens.

Voilà une belle théorie, mais ne pourrait-on pas envisager l'hypothèse inverse ? À savoir : l'accumulation de travaux mineurs contrarie les découvertes importantes. Plus les génies ont de petits travaux à lire et à digérer, plus ils sont emmenés vers des chemins de traverse. Ces travaux médiocres s'interposent entre eux et la vaste vision du monde qu'ils tentent d'élaborer, la dissimulent. Loin d'aider à y voir plus clair, ils obscurcissent le paysage.

Quand on n'est pas génial, paresser est peut-être la meilleure contribution qu'on puisse apporter à la science.

Une citation. « La philosophie donne l'impression de s'occuper seulement de la vérité, mais peut-être ne dit-elle que des fantaisies, et la littérature donne l'impression de s'occuper seulement de fantaisies, mais peut-être dit-elle la vérité ».

Une devinette. L'auteur de la citation ci-dessus est-il philosophe ou écrivain ?

Une réponse trop prévisible. Écrivain, bien sûr. C'est un personnage du roman d'Antonio Tabucchi *Pereira prétend* (Ed. Christian Bourgois, 1995, p. 33) qui tient ce propos.

Une extension. Il existe d'autres couples de frères ennemis que celui formé par le philosophe et l'écrivain. Par exemple, le physicien et le mathématicien. Imaginons donc un physicien inspiré par Tabucchi. Il écrira : « Les mathématiques donnent l'impression de prouver de grandes vérités, mais peut-être leurs vérités sont-elles dépourvues de toute utilité, et la physique donne l'impression de se limiter à l'utilité, mais peut-être atteint-elle aux vérités les plus profondes. » Évidemment, inspiré du même Tabucchi, le mathématicien écrira quelque chose comme : « La physique donne l'impression d'être réaliste, mais peut-être est-elle trop approximative pour l'être véritablement, et les mathématiques donnent l'impression d'être de pures abstractions, mais peut-être sont-elles à la source de toutes les applications possibles. »

Un jeu proposé. Chercher d'autres couples de frères ennemis et, sur le modèle de la phrase de Tabucchi, faire dire à chacun des frères ce qu'on doit penser de l'autre.

Le but de cette chronique. Contribuer à promouvoir la meilleure entente possible entre les divers spécialistes.

Redécouvrir et publier un chef-d'œuvre oublié est apprécié des éditeurs. Reste ensuite à attirer l'acheteur. Pour cela, la quatrième de couverture s'orne volontiers de citations fracassantes : « Borges a adoré », « Virginia Woolf plaçait ce texte parmi les plus grands », etc.

Quels mauvais arguments ! Borges ou Woolf, génies de la littérature et la surinvestissant, esprits richissimes, étaient capables de trouver du génie même là où il n'y en a pas, si peu que la lubie les prenne d'y insuffler le leur. Pour être plus géniaux, ils n'étaient pas plus objectifs. Moi qui n'ai pas assez de génie pour en prêter, ni à un livre ni à quiconque, je risque d'être déçu : je n'achète pas.

Non. Les bons arguments de vente sont : « L'idiot de Trifouillis-les-Oies a aimé » ou : « Livre-culte des tarés de Paris ». Ce dont un idiot ou un taré ont su jouir, je me fais fort de savoir en jouir, moi aussi. Ni idiot ni taré, j'achète donc.

Depuis que Descartes l'a utilisée pour désigner les inconnues, la lettre X fait une carrière magnifique. Elle a servi aux rayons X, ainsi baptisés lors de leur découverte parce que leur nature était mystérieuse. Elle sert de réconfort aux victimes qui, à défaut de pouvoir porter plainte contre un agresseur resté inconnu, se consolent en portant plainte contre X. Enfin, les étudiants les plus habiles à trouver les valeurs prises par l'inconnue X gagnent le droit d'entrer dans la Grande École, conséquemment surnommée X, ce qui est un premier pas vers la gloire.

S'il n'y a pas loin des inconnues à la gloire, il n'y a pas loin non plus de l'inconnu à l'anonymat. Or l'anonymat est cher aux adeptes de certains types de spectacles. C'est pour cela, j'imagine, que cette même lettre X désigne les films porno. Mais, tout compte fait, il y a beaucoup de sagesse dans cet usage. Car, même vénale, même mimée grossièrement pour subvenir aux besoins des productions de films pour quartiers de gares, il y a toujours, dans la rencontre avec l'autre, un inconnu abyssal, tout le mystère du X.

En matière de débat d'idées, il existe une arme absolue et d'usage facile. Votre adversaire affirme-t-il quelque position qui vous déplaît ? Prenez un air soucieux et déclarez gravement : « C'est très dangereux, ce que vous soutenez là. » Vous êtes sûr de marquer le point. En effet :

1. Personne ne veut apparaître comme celui dont l'attitude risque de causer du mal.

2. Toute position est grosse de dangers. Il suffit de la pousser à l'extrême, phénomène qui finit toujours par se produire (c'est une leçon constante de l'histoire). On massacre au nom de l'amour universel ; l'attachement à la patrie dégénère en nationalisme meurtrier ; le culte exclusif de la raison conduit à un sectarisme irrationnel ; la méfiance vis-à-vis des institutions connaît des dérives sanglantes, etc.

Donc, pour river son clou à un adversaire, outrez imperceptiblement sa position, juste assez pour mettre en évidence les dangers qu'elle recèle forcément. Montrez-vous alors choqué par eux, affecté. Et vous voilà dans le rôle de l'humaniste, lui dans le rôle du fauteur de troubles : la victoire est pour vous.

Évidemment, cette arme infaillible tend à tuer tout débat. Mais que voulez-vous ? Les armes aussi sont dangereuses.

L'intelligence ne délivre pas de la fatalité de la mort, n'aide pas à se faire aimer, n'évite pas de passer parfois pour un idiot, n'est pas un atout maître pour réussir, ne fait pas sortir de l'animalité... Elle ne sert à rien, sauf à en imposer aux autres. Et même là, elle n'est pas indispensable : avoir l'air intelligent suffit. Grâce au Ciel, les procédés pour acquérir cet air ne manquent pas. En voici.

Lorsque vous prononcez une conférence, manifestez par toutes vos mines que vous vous ennuyez à mourir. Le public y verra la preuve que vous dominez superbement votre sujet. Vous n'avez plus rien à en attendre, plus aucune surprise. Tout, pour vous, va de soi, est d'une facilité lassante. Tâchez en outre d'être obscur. En constatant que votre sujet, jeu d'enfant pour vous, lui demeure inaccessible, le public vous prêtera une intelligence encore plus formidable.

Autre truc. Prenez le contrepied d'une plaisanterie classique. « L'éternité, c'est long, surtout vers la fin » devient ainsi : « C'est évidemment en son début, et seulement en son début, que l'éternité est longue. » Parlez d'un ton hautain. Vos auditeurs sentiront que vous avez vu de la profondeur là où ils n'avaient vu, eux, qu'une blague : vous êtes en train de leur faire l'aumône d'un peu de grain à moudre pour leurs pauvres cervelles. Vous pouvez également défendre une absurdité (« Ce ne sont pas les parents qui décident de faire un enfant, c'est l'enfant qui décide de venir au monde. ») Les gens n'imagineront jamais que, si vous soutenez cette folle affirmation, c'est tout simplement que vous êtes aussi fou qu'elle. Ils en déduiront que vous êtes suprêmement intelligent. Gagné !

Ajoutez enfin un zeste de culture. Dans un débat public, ne citez que des auteurs peu connus et prononcez leurs noms trop vite, en articulant très mal. L'auditoire aura l'impression que vous avez une merveilleuse familiarité avec ces gens dont il n'arrive même pas à saisir les noms. Il sentira d'autant plus l'étendue impardonnable de son ignorance que vous savonnerez mieux votre prononciation. Entraînez-vous !

Un critique découvre un bon livre et en fait l'éloge. Suite à quoi, le livre a du succès. Le critique peut-il se flatter d'avoir de l'audience ? Pas si vite ! Peut-être le livre doit-il sa belle carrière à ses seules qualités propres. Symétriquement, si le critique descend un mauvais livre et que le livre échoue, ce dernier peut devoir son bide à sa nullité, non à l'intervention du critique.

Par contre, si le critique publie un dithyrambe en faveur d'un livre nul et constate ensuite que le livre connaît une belle carrière ; ou bien, s'il dénigre un bon livre et constate ensuite que le livre sombre, dans ces deux cas le critique est en droit d'estimer que sa voix porte et compte : c'est elle qui crée l'événement.

N'en veuillez donc pas trop à un critique qui a tenté de vous détourner d'un bon livre ou vous a incité à la lecture d'un mauvais. Tester régulièrement son influence sur ses lecteurs est important – pour lui, et pour le journal qui l'emploie.

...N'en dégoûtez pas les autres. » Ce refrain, tiré de l'opérette *Là-Haut*, connaît une popularité justifiée. Le plus innocent de nos plaisirs se heurte toujours à l'avertissement d'un moraliste prétendant qu'il perd notre âme ou à celui d'un hygiéniste affirmant qu'il ruine notre santé. Ils n'aiment pas ça ? Qu'ils n'essaient pas de nous dégoûter !

Hélas, en ce bas-monde, nous vivons entourés d'ennemis. Outre ceux qui n'aiment pas ça, il y a ceux qui aiment ça. Combien de fois devons-nous émerger de notre somnolence, et acquiescer au discours interminable tenu par un interlocuteur passionné de son sujet – sujet qu'il est seul à ne pas trouver assommant !

Oui, sans aucun doute, il faudrait mettre à la mode et chanter sur le même air un autre refrain : « Si vous aimez bien ça, n'en bassinez pas les autres ! »

Résoudre un problème grâce à un raisonnement bien adapté au dit problème n'a rien de remarquable. Une telle réussite est une conséquence banale des lois de la causalité : bon raisonnement implique bonne conclusion.

Elle revient donc à profiter du cours naturel que les choses tendent à suivre et n'est guère susceptible d'ouvrir des perspectives surprenantes.

À l'inverse, triompher d'un problème après un raisonnement inadapté est un beau succès. Normalement, un raisonnement faux mène à un résultat faux. Raisonner de travers et tomber quand même sur le bon résultat représente une victoire contre la pente naturelle des choses. Un tel défi aux lois de la causalité ne peut que donner naissance à de riches interrogations.

Trouver juste en raisonnant bien est à la portée du premier venu. Trouver la vérité en raisonnant mal, là est le génie.

Certains n'achètent que des objets de luxe, font les plus grands voyages, mangent comme quatre, bref consomment dix fois plus que vous ou moi. Leurs « gros besoins » suscitent souvent un brin d'ironie : ces gens, qui courent tant après la dépense, n'attrapent que rarement l'épanouissement.

Certains lisent tous les livres, voient tous les films, étudient toutes les théories, connaissent dix expériences intellectuelles pendant le laps de temps où vous ou moi ne parvenons guère à en connaître qu'une ou deux. De ceux-là, on ne parle pas avec ironie mais avec admiration, sinon jalousie. Et pourtant ! Que font-ils d'autre, eux aussi, que satisfaire leurs « gros besoins » ? Mener un grand train de vie n'est pas, en soi, un but plus valable dans le domaine intellectuel que dans le domaine matériel. À apprendre sans cesse, à ne se sentir stimulé qu'en courant sans trêve ni repos vers de nouvelles sources, on ne devient pas nécessairement plus créatif, plus intelligent ou plus ouvert.

Il faut penser pour vivre et non pas vivre pour penser !

Même si leur argent est, à coup presque sûr, destiné à être finalement perdu, ceux qui jouent au loto s'offrent, jusqu'au moment du tirage, quelque chose de précieux : le rêve. Un rêve moins serein qu'il n'y paraît, peut-être, puisque ces mêmes joueurs sont souvent friands d'anecdotes racontant la série de catastrophes subies par des gagnants victimes d'escrocs ou de revers de fortune.

Rares sont ceux qui n'ont jamais tenté aucune loterie. Quelle est en effet la loterie la plus antique et la plus universelle, sinon celle qui unit un homme et une femme pour donner naissance à un être dont nul ne sait ce qu'il sera ? Les premiers mois laissent aux parents le temps de rêver à un enfant d'exception. Espoir anéanti, à coup presque sûr, par la suite. Et quand, par hasard, le rêve n'est pas démenti, il tourne aussi bien au cauchemar. Papa Beethoven, papa Bolyai ou papa Kafka, maman Baudelaire ou maman Jules Renard ont eu plus à souffrir du génie de leur enfant qu'à s'en féliciter.

Dénoncer l'irrationalité naïve des joueurs qui hasardent un argent qu'ils ne reverront pas manque d'à-propos. Car les loteries sont moins une question d'argent qu'une parabole désabusée sur la condition humaine et les désillusions que la vie nous inflige, même quand elle réalise nos vœux.

Certains scientifiques, semblables aux amateurs de casse-têtes, cherchent pour le plaisir de s'énerver. D'autres n'aiment pas s'énerver, mais cherchent pour trouver, car les enjeux leur semblent importants. Qu'ils aiment cela ou pas n'y change rien : chercher longuement finit presque toujours par énerver.

Un énorme chapelet de jurons, une grosse colère, ne sont certes pas ce qui se fait de mieux élevé. Toutefois, les jurons ou la colère ne sont pas forcément contre-productifs. S'énerver peut être une façon de se concentrer sur la tâche, de se remobiliser, de regrouper ses forces et son attention en vue d'un assaut renouvelé contre la difficulté.

Dans ces conditions, rien d'étonnant à ce que certains grands de l'histoire des sciences aient eu des caractères épouvantables : Cardan, Galilée, Tycho Brahe, Newton... Il leur a fallu une mauvaise humeur exceptionnelle pour parvenir à surmonter des difficultés exceptionnelles. L'étonnant est au contraire qu'un bon bougre comme Einstein ait réussi à faire quelque chose dans la vie.

On entend plus souvent parler du serpent qui se mord la queue qu'on ne le voit. Dommage : quel spectacle fascinant ce doit être, qu'un serpent qui se dévore jusqu'à disparaître totalement, englouti sans retour dans lui-même !

Du serpent qui se mord la queue, les alchimistes faisaient le symbole de la création qui, perpétuellement, se consomme elle-même et s'auto-engendre (« ouroboros »). Après avoir longtemps douté de l'existence de l'ouroboros, j'ai été si près d'en voir un que je ne doute plus, désormais. Voici.

Un article scientifique sérieux, on le sait, se doit de s'achever sur une copieuse liste de références. Presque toujours, on le sait aussi, l'auteur le plus cité est l'auteur de l'article. Il n'y a là ni de quoi s'étonner ni de quoi sourire. Le droit au narcissisme vaut pour les scientifiques comme pour tous. Par ailleurs, il est normal que les auteurs cités soient ceux qui s'intéressent aux mêmes sujets que l'auteur de l'article. Or qui est le mieux placé pour cela, sinon ledit auteur ?

L'affaire change de nature, et nous fait aborder aux glorieuses rives de la métaphysique alchimiste, lorsque cette surreprésentation se trouve au bas d'un article consacré par un chercheur, G. E. Andrews, à exposer... ses dettes à l'égard de ses devanciers ! Sur 57 références en fin d'article, une proportion énorme, inusitée, (38 exactement, soit les deux tiers) se rapportent à des articles de G. E. Andrews lui-même. Voilà un scientifique qui s'est beaucoup nourri de sa propre chair... Que n'a-t-il osé franchir le pas, et ne citer nul autre que lui ! Il aurait alors atteint au statut d'ouroboros, lequel, entre nous soit dit, vaut largement celui de chercheur (« Some Debts I Owe », *Sémin. Lothar. Comb.*, 42, B42a, 1999).

« Ne compter que sur soi... et encore pas beaucoup », disait Tristan Bernard. Mais il n'était pas scientifique.

Que signifie le mot harnoo ? Pour vous aider à deviner, sachez que c'est la transcription d'un mot prononcé en anglais par un homme dont la langue maternelle était l'allemand. Vous ne trouvez pas ? Hé bien, dans la bouche d'Einstein émigré aux États-Unis, harnoo était la façon dont il prononçait h_ν (achenu).

Cette histoire est racontée par l'Américain Ralph Boas. Parmi les nombreux scientifiques européens qui ont émigré ou séjourné aux États-Unis, Boas en a rencontré un seul (le mathématicien Lars Ahlfors) qui ait eu, en arrivant, la réaction de bon sens consistant à se faire expliquer par un collègue américain comment on prononce dans sa langue les termes techniques. Les autres se sont contentés de leurs souvenirs scolaires. Autrement dit, ils parlaient une langue qu'ils ne savaient pas parler, puisque l'école n'enseigne pas la langue scientifique. Comme leurs interlocuteurs devaient bien les comprendre !

Sans doute Descartes se trompait-il lorsqu'il affirmait que le bon sens est la chose du monde la mieux partagée. Mais, après tout, partager le bon sens commun, ce n'est pas cela que nous attendons d'un scientifique hors du commun.

Une des plus anciennes expériences dont l'histoire des sciences ait gardé trace est également un des plus magnifiques exemples de ratage. Se demandant si l'air est pesant, un Grec de l'époque primitive a adopté une démarche originale pour son temps : procéder à une expérience. Il a pesé une vessie de porc vide. Ensuite, il l'a gonflée d'air, puis l'a pesée à nouveau. Et – évidemment ! – il a trouvé le même poids avant et après. Ce dont il a déduit que l'air n'est pas pesant. Comment aurait-il deviné, le malheureux, ce qu'Archimède découvrirait longtemps après, à savoir que la poussée exercée par l'air ambiant compense exactement le poids de l'air introduit dans la vessie ?

Comme quoi, on peut se poser une question pertinente, imaginer une façon intelligente de la résoudre, et se tromper quand même.

Cette histoire offre une leçon utile. Notre Grec n'a eu qu'un tort : vivre avant Archimède. Hé bien, ce tort-là, nous le partageons avec lui ! Dieu sait quels nouveaux Archimède l'avenir réserve, dont les découvertes montreront que les conclusions les plus assurées que nous croyons pouvoir tirer de nos expériences reposent en fait sur une méconnaissance totale d'un phénomène décisif.

C'est une réaction malsaine, qu'on doit donc s'interdire par principe. Seulement, il n'y a rien à faire, certains patronymes sont trop ridicules pour qu'on puisse s'empêcher d'en sourire. Par exemple, être un des premiers géomètres de son temps mais répondre au nom de Poincaré, ça la fiche vraiment mal. Voyons, Monsieur ! Grandeur sans dimension, comment un point saurait-il être carré ? Poincaré, conscient de ce problème, aurait préféré s'appeler Pontcarré. Un pont carré est un objet bizarre, certes, mais n'a pas l'absurdité d'un point carré.

Heureusement, l'onomastique est là. Des chercheurs scrupuleux ont découvert les traces d'un Petrus Pugniquadrati, étudiant à l'Université de Paris en 1403, ainsi que celles d'un Jehan Poingquarré, secrétaire de la reine Isabeau de Bavière et du duc de Bourgogne Jean sans Peur. Sans doute, donc, quelque ancêtre de l'illustre savant était-il doté d'une poigne suffisamment... frappante pour recevoir le patronyme de « Poing Carré ». Est-ce un effet de l'hérédité ? En tous cas, Henri Poincaré était lui-même abondamment pourvu en ardeur polémique. Il savait user d'arguments frappants, eux aussi - sur le papier, s'entend. Ses piques contre les logiciens demeurent, en matière de vacheries, de mémorables merveilles. Comme chaque fois qu'on rit du nom d'une personne, donc, la moquerie est déplacée. Poincaré, tout compte fait, était même fort bien nommé. (D'après Gaston Darboux, « Éloge historique d'Henri Poincaré », dans Poincaré, *Œuvres*, T. 2, rééd. Gauthier-Villars, 1952, p. IX).

Si vous voulez convaincre des gens qui ne partagent *a priori* pas votre point de vue, évitez la subtilité. Cette dernière ne sert que pour la compétition interne, lorsque vous tentez de l'emporter sur des collègues défendant une position rivale de la vôtre.

Par exemple, le pari de Pascal est tout sauf subtil. Et c'est justement sa rusticité qui fait de lui un excellent argument. Même des adversaires déclarés de la religion ne peuvent pas rester complètement indifférents à l'angoisse sur laquelle il se fonde. Au contraire, les subtilités sur la grâce efficace et la grâce suffisante du même Pascal dans les *Provinciales* ne touchent que ceux qui croient déjà à la grâce. Elles sont vaines comme outils de propagande, mais prêchent des convaincus et embarrassent des concurrents.

Ce qui vaut pour la théologie vaut pour n'importe quel autre corpus intellectuel. La subtilité fatigue : le lecteur ne fait l'effort de se l'imposer que dans un domaine dont il se préoccupe, autrement dit, un domaine auquel il s'intéresse vraiment. Les penseurs ou les scientifiques qui se font subtils lorsqu'ils s'adressent au public sont des naïfs qui surestiment l'attention que ce dernier leur porte.

La physique ne vous intéresse pas le moins du monde, mais vous avez forcément entendu parler de Newton et d'Einstein ; il n'est pas possible que vous n'ayez aucune idée de leurs théories... La littérature vous ennuie, pourtant vous n'avez pas pu, un jour ou l'autre, ne pas vous sentir obligé de feuilleter le dernier Modiano ou le dernier Sollers... Vous méprisez le sport et les champions, mais il n'empêche : vous savez qui est Zidane, et vous êtes capable de reconnaître Bernard Hinault sur une photo...

En somme, le critère le plus sûr pour savoir qu'une personne a réussi dans son domaine est que, de gré ou de force, elle se soit fait connaître des gens qui détestent ce domaine. Voilà qui donne une tonalité un peu désespérante à la valeur et au sens des efforts que, tous autant que nous sommes, nous faisons pour réussir aussi bien que possible dans le domaine où nous avons choisi de nous exprimer.

Personne ne conteste que l'art, loin d'être superflu, est une composante essentielle de l'humanité. Manger ou dormir sont indispensables à la vie. L'art est indispensable à l'homme, sinon même constitutif.

Pourtant, chaque fois que quelqu'un dit : « Je suis peintre, venez voir mes tableaux » ou : « Je compose, venez écouter ma musique », notre réaction est réservée. Un de plus, est-ce bien nécessaire ? Avons-nous vraiment besoin de lui ? Et, quand nous allons prendre connaissance de l'œuvre, nous ressortons la plupart du temps plus incertains qu'enthousiastes. Nos applaudissements sont contraints. Subventionner ce travail, alors que tant de nécessités assaillent la société, n'est-ce pas donner une prime au superflu ?

Pourquoi l'idée que nous avons de l'art est-elle, dans l'abstrait, si haute, et, dans les cas concrets, si piètre ?

Sherlock Holmes, Hercule Poirot, Maigret, Nestor Burma... Ces héros relèvent tous d'un truc exploité par d'innombrables auteurs de romans policiers : à force de retrouver le même détective, le lecteur s'attache à lui et, de roman en roman, est impatient de le revoir, aux prises avec une nouvelle enquête où il exploite son talent.

Il n'y a toutefois pas que l'enquêteur auquel on peut s'attacher : il y a la victime. Et ce que ni la vie ni la science ne peuvent, la fiction le peut. J'attends donc qu'un auteur lance un nouveau truc : la série de romans policiers où réapparaît systématiquement la même victime. Aucun doute, le lecteur appréciera, de roman en roman, de retrouver le même malheureux assassiné chaque fois dans des circonstances plus horribles, et offrant un mystère toujours plus difficile à élucider.

Pourquoi diable a-t-il fallu que, peu après le peintre français Manet (1832-1883), en naisse un autre, du nom de Monet (1840-1926) ? Pour démasquer les faux amateurs de peinture, évidemment. Les vrais n'hésitent pas : la proximité des noms les frappe moins que l'éloignement des styles. Les faux amateurs (c'est-à-dire les mondains qui, pour paraître cultivés, font juste semblant) marquent une seconde d'hésitation et se trahissent : ils connaissent non la peinture mais les noms qu'on doit connaître.

La preuve de ce que j'avance là, c'est que tous les arts s'ingénient à faire naître quasi-simultanément, quasi dans les mêmes pays, des gens portant quasi le même nom. Pourquoi agir de la sorte, sinon pour disposer d'un traquenard contre les faux connaisseurs ? Le procédé est habile : pour je ne sais quelle raison psychologique, distinguer deux personnes ayant quasi le même nom est plus difficile qu'en distinguer deux ayant exactement le même (un père et un fils, par exemple). Les mélomanes savent différencier Corelli (1653-1713) de Torelli (1658-1709), Schubert (1797-1828) de Schumann (1810-1856), Schönberg (1874-1951) de Berg (1885-1935) ; ceux qui ne vont au concert que pour se montrer ne savent pas. Il faut être docteur en histoire (au moins !) pour ne pas mélanger les politiciens Daladier (1884-1970) et Ramadier (1888-1961), dont les carrières ont suivi de peu celles des présidents Doumer (1857-1932) et Doumergue (1863-1937). La physique quantique doit beaucoup à Born (1882-1970) et pas moins à Bohr (1885-1962). Toujours un peu brouillonne, la littérature multiplie les Milner, les Miller, les Mailer. Vicieuses, les mathématiques jouent de l'homonymie parfaite (Schwarz et Schwartz). Le

cyclisme a appliqué le même procédé, faisant gagner le Tour de France au Suisse Kubler en 1950 et au Suisse Koblet en 1951.

La surprise vient du célèbre couple Berthollet-Berthelot. Au lieu d'être contemporains, ces chimistes ont vécu, respectivement, de 1748 à 1822 et de 1827 à 1907. Commise par une science aussi précise que la chimie, une erreur de près d'un siècle est étonnante. Mais, au fond, qu'importe, l'opération est quand même réussie : Berthollet et Berthelot, tout le monde les confond. Sauf les chimistes. Et encore.

Tous les sens peuvent servir à exprimer l'antipathie entre deux individus. Odorat : je ne peux pas le sentir. Toucher : entre lui et moi, c'est épidermique. Ouïe : nous ne nous entendons pas. Vue : je ne peux pas le voir en peinture. Goût : je le boufferais tout cru ; ou encore, je le vomis (ce qui, d'ailleurs, revient au même).

Beaucoup d'organes servent au même propos. Je ne le porte pas dans mon cœur ; je le hais viscéralement ; c'est un casse-pieds ; il me bouffe les foies ; il me prend la tête ; il me hérisse le poil ; j'ai une dent contre lui ; je l'ai dans le nez… Combinant les sens et les organes, on pourrait imaginer des phrases comme : « J'ai une dent contre lui, je vais le bouffer tout cru », voire des mésaventures du genre : « Je l'ai dans le nez, moi qui ne peux pas le blairer. »

Bref, les hommes sont admirables. Mettez leur entre les mains n'importe quel organe du corps humain, et ils sauront s'en servir pour moduler les chants de haine les plus variés, les plus expressifs. Comme si, ô Lamarck, la fonction naissait de l'organe.

De La Rochefoucauld à Cioran, les moralistes s'accordent sur un point : vus de près, les prétendus hommes de bien sont, en général, de franches canailles. Énonçons ce constat sous la forme d'un aphorisme : les bonnes gens sont méchants.

Au vrai, ce n'est pas pour sa morale, trop banale, que j'avais fabriqué la formule ci-dessus, mais pour donner un exemple de phrase localement correcte et globalement incorrecte, ce qui aurait été un paradoxe amusant – et pas banal, lui. Dire « Les bonnes gens » est correct. Dire « Les gens sont méchants » l'est également.

Le mélange de masculin et de féminin obtenu en rapprochant ces deux tournures semble tellement incongru que je croyais incorrecte la phrase « Les bonnes gens sont méchants. » Manque de chance, elle est irréprochable et je n'ai aucun droit à l'expulser hors de la langue française. En effet, notre grammaire veut (en gros) que les adjectifs placés après gens soient masculins, et que ceux placés avant soient féminins sauf s'ils ne sont avant que par inversion. Le dictionnaire *Robert* tient ainsi pour correcte la phrase suivante : « Instruits par l'expérience, les vieilles gens sont prudents. »

Dire qu'il se trouve des beaux esprits pour prétendre que la langue française est la plus pure expression de la raison !

Pourquoi la rose fait-elle une si belle carrière dans la poésie française ? Pas pour son parfum. Ni pour sa grâce éphémère. Mais, tout simplement, parce qu'elle est une des rares fleurs dont le nom en français ne soit pas hideux. Le moins musicien des versificateurs renoncera à ces rimes pourtant faciles que lui offrent hortensia et pétunia, catleya et camélia, clivia et forsythia, magnolia et zinnia, kniphofia et kolkwitzia, gloxinia et rudbeckia, rhododendron et platycodon. Et si une inspiration malheureuse l'a conduit à orner une fin de vers d'un géranium, il choisira pour rimer un composé chimique plutôt qu'une fleur : comme c'est poétique, chlorure de sodium, à côté de pélargonium ou de podophyllum !

Un tel systématisme dans la laideur ne peut pas être dû au hasard. On dirait que, jalouse de leur beauté, la langue se venge des fleurs en les affublant de noms repoussants...

Voici le poème le plus stupide qu'il m'ait été donné de lire. Il est reproduit dans le dossier consacré à l'oulipo par la revue *Écrire & Éditer* (Vitry, mai-juin 1997).

Haletant sur les flots
Le tronc du pin sourit
Tendu d'un sombre sang…
Sûrs pinçons rhapsodiques,
Les soubresauts haineux
Florissant d'ichneumons.

Pourquoi stupide, ce poème ? Pas parce qu'il ne veut rien dire. À ce compte-là… C'est qu'il a dû exiger un travail invraisemblable. Il jouit en effet d'une propriété extraordinaire, qui fait de lui ce qu'on nomme un diagonnet. Lisez verticalement la première syllabe de chaque vers : vous retrouvez exactement le premier vers. Lisez verticalement la seconde syllabe de chaque vers : vous retrouvez exactement le second vers. Ainsi de suite jusqu'à la sixième syllabe et le sixième vers. Autrement dit, si on dispose les syllabes de ce poème sous forme de matrice, on obtient ce que les mathématiciens appellent une matrice (6, 6) symétrique.

Comme disent les bidasses, le type qui a fait ça, tant qu'il a fait ça, il n'a pas fait autre chose…

A-t-il existé une langue unique à l'origine de toutes les langues actuelles ? Face à ce problème, on peut adopter deux attitudes contradictoires et pourtant scientifiques l'une et l'autre.

Première attitude scientifique. Collecter toutes les informations possibles, élaborer des techniques subtiles pour les analyser, proposer des hypothèses et examiner si elles rendent compte des résultats des investigations.

Seconde attitude scientifique. Savoir faire la part du mythe. L'origine des langues appartient au domaine du mythe et doit y rester. Les données qu'on recueillera sur ce problème seront toujours trop lacunaires, l'essentiel à jamais perdu dans la nuit des temps. Pour un fait connu, il y en a une infinité d'évanouis ! Des centaines et des centaines de langues non écrites n'ont eu d'existence que dans le souffle, depuis longtemps expiré, de peuples dont on n'a plus la moindre trace. Proposer une hypothèse traduit les fantasmes et préjugés personnels du chercheur, non une théorie qu'on peut tester en la confrontant à la réalité. Les sociétés de linguistique ont raison de refuser par principe d'examiner les travaux portant sur l'origine des langues.

Comment choisir entre ces attitudes ? En tous cas pas par la science, qui les justifie toutes les deux !

Depuis la Révolution française et la Déclaration des droits de l'homme, nous revendiquons des droits toujours plus variés : droit à la différence, au logement, au savoir, à la santé, etc. Un jour, sans doute, au lieu de réclamer une société plus juste, nous réclamerons le droit au droit.

Pourtant, il existe un droit que personne ne perçoit comme tel, donc que personne ne revendique : gaspiller. Au contraire, chacun s'accorde à condamner le gaspillage. Quel contresens ! Gaspiller fait partie des droits fondamentaux. Car il n'y a pas d'alternative. Soit vivre dans une misère sur laquelle plane sans cesse la menace de la famine, soit pouvoir se permettre de gaspiller de temps en temps. Loin d'être un crime contre l'écologie, gaspiller est le premier acte de liberté pour se prouver qu'on n'est pas réduit aux besoins immédiats de la survie quotidienne, pour montrer et se montrer qu'on n'est pas uniquement déterminé par la brutalité des contraintes.

Certes, il est choquant que certains gaspillent plus que d'autres. Il faut réclamer un droit au gaspillage égal pour tous.

La critique rend compte d'un ouvrage historique portant sur une période connue : « Il offre beaucoup de nouveau. » S'agit-il d'un compliment ? Résolument oui !

A priori, l'idée qu'on pourrait se faire d'un ouvrage d'histoire réussi, c'est qu'il n'y ait dedans rien de nouveau et qu'il ne contienne que du vieux garanti strictement authentique. En fait, ce que nous voulons, là comme partout, c'est du nouveau. Plus encore, peut-être, que l'éventuelle mise à jour d'éléments inconnus, nous attendons que son regard soit le nôtre, c'est-à-dire surtout pas celui de nos maîtres de la génération précédente ! Maîtres aimés et respectés, nul n'en doute, mais par rapport auxquels nous tenons à nous affirmer. Pourquoi diable irions-nous nous intéresser à quelque époque révolue, sinon pour l'interpréter à notre façon ? On ne voit le passé qu'avec des yeux présents. L'anachronisme est une condition *sine qua non* de l'histoire. Et il en est un grand plaisir.

Une romancière expliquait, à la radio, pourquoi elle tenait à mettre ses œuvres sur Internet. Les livres de papier durent, au mieux, six mois en librairie avant d'être retournés à l'éditeur, lequel les fera pour la plupart pilonner. Les textes sur Internet, eux, sont éternels.

Auront-ils plus de lecteurs pour autant ? Ce n'est pas sûr. Mais soit : quitte à ne pas être lu, l'idée que cet état durera jusqu'à la fin des temps a quelque chose de consolant. Le pire sort pour un auteur est d'être lu, puis oublié. Perdurer à jamais dans la non-existence est moins douloureux que cesser d'exister !

Seulement, je ne crois pas qu'Internet durera si longtemps. Rien n'est éternel, sauf le besoin des hommes de confier leurs œuvres à un support censé échapper à la mort. Dernière matérialisation en date de cette pulsion archaïque, Internet ne réussira pas là où la sculpture sur marbre et l'architecture monumentale ont échoué ! Combien d'œuvres à jamais perdues ?

Pour l'instant, je ne vois qu'une question nouvelle. On appelait « fonds de tiroirs » les œuvres manquées ou les ébauches délaissées. Les auteurs, désormais, n'abandonnent plus le fruit de leurs veilles sur un papier dans un tiroir, mais sur une mémoire d'ordinateur. Par quelle locution moderne, et aussi expressive, faut-il remplacer la locution « fond de tiroir » ?

« En matière de meubles, possession vaut titre », disent les juristes. Par exemple, on n'ira pas m'enlever de force l'échelle sur laquelle je suis grimpé, sous prétexte que son propriétaire, qui me l'a prêtée depuis deux ans, en a soudain besoin. En formulant cet adage, les juristes prennent acte du fait que vouloir imposer une conception trop rigide du droit de propriété serait déraisonnable.

Que les gens de plume s'inspirent du sage réalisme des gens de robe ! Au lieu d'argumenter sans fin pour déterminer qui, le premier, a formulé cette pensée ou cette autre, a exprimé ceci ou cela, a théorisé tel ou tel point – disputes aussi stériles que fausses, puisqu'elles reviennent la plupart du temps à donner la victoire à celui qui crie le plus fort – au lieu de se quereller, donc, qu'ils décrètent ceci : « En matière d'idées, énonciation vaut paternité. » Plus familièrement : « Le dernier à parler sera réputé être celui qui a eu l'idée. » Quand ce précepte aura été posé, et bien posé, toute l'énergie aujourd'hui gaspillée en vaines controverses d'antériorité pourra enfin être utilisée de façon fructueuse.

Adopter le précepte présenterait un autre grand avantage. Aucun mandarin n'éprouverait plus la moindre satisfaction à avoir des épigones puisque ces derniers, en répétant ses propos, seraient censés en être les auteurs. La gloire serait pour eux, non pour lui. On assisterait donc à la disparition des chefs d'écoles, à la fin des chapelles, à l'extinction des coteries… Peut-on concevoir progrès plus fantastique dans la cité intellectuelle ?

Il l'emparouille et l'endosque contre terre ;
Il le rague et le roupète jusqu'à son drâle ;
Il le pratèle et le libucque et lui baroufle les ouillais ;
Il le tocarde et le marmine,
Le manage rape à ri et ripe à ra.
Enfin il l'écorcobalisse.

Ce texte d'Henri Michaux *(Le grand combat)* étant souvent reproduit, on peut imaginer que, au cours des millénaires à venir, les hasards des futurs guerres et pillages, incendies et séismes, inondations et destructions, ces hasards fassent de lui, parmi tous les textes écrits en français, le seul dont un exemplaire survive à l'oubli qui finira par recouvrir notre langue et notre civilisation.

Songeons alors aux érudits archéologues du XXXe ou du XLe siècle n'ayant d'autre pierre de Rosette, pour reconstituer notre monde englouti, que *Le grand combat* ! Quelles doctes conclusions tireront-ils de son déchiffrement ? Comment nous décriront-ils dans leurs ouvrages de vulgarisation à l'intention du public avide de connaissances puisées auprès des meilleurs spécialistes ? Impossible à prévoir : cela ne dépendra que de leur imagination.

Songeons également à l'inévitable aplomb avec lequel quiconque disposera d'une tribune s'emparera de ce qui lui convient dans les théories construites sur notre compte, laissera tomber le reste, et dénoncera les interprétations erronées dont se seront rendus coupables ses néfastes rivaux. N'est-il pas vital, en effet, pour qui veut maintenir une position, de proférer avec une parfaite assurance des certitudes absolues - fussent-elles sécrétées à partir d'absolues incertitudes ?

C'est ce que je viens de faire ici, puisque j'en sais encore moins sur le XXXe siècle qu'il n'en saura sur nous. Cela montre que mon raisonnement est correct.

Quand un événement politique récent suscite des analyses divergentes, les contemporains en appellent volontiers au jugement de l'histoire : elle tranchera, disent-ils. Quel contresens sur la notion même d'histoire ! Une affaire n'est historique que si elle est encore en réévaluation, fait l'objet d'interprétations inconciliables, voire de diverses volontés de réappropriations. Des personnages aussi anciens que Charles Martel ou Jeanne d'Arc font partie de notre histoire parce que, à leur sujet, subsistent des oppositions qui, tout à la fois, se nourrissent de nos querelles actuelles et les nourrissent. À l'inverse, Nabuchodonosor ne fait plus partie de l'histoire. Quelques érudits, peut-être, savent quel tyran il fut et quels intérêts il a servis, l'approuvent ou le condamnent. Mais, pour nous tous, ce n'est plus guère qu'un nom amusant.

L'histoire n'est pas un havre de paix. Quand il n'y a plus d'enjeu, il n'y a plus d'histoire. Ce qui met un point final à nos désaccords, ce n'est pas un jugement. C'est l'oubli.

Depuis longtemps, la hantise de la répétition fait le tourment de l'écrivain français. Depuis l'avènement de l'ordinateur, elle fait son drame. Voici une mise en situation.

Sitôt son texte achevé, un scrupule saisit l'écrivain. N'aurait-il pas abusé, par hasard, de l'adverbe « remarquablement » ? Recherche lancée. L'ordinateur signale en effet trois occurrences en quatre lignes. Mélange de fierté (« J'avais bien senti qu'il y a un problème ») et de honte (« Tant que ça ? Je n'aurais pas cru ! »). L'écrivain raye le premier « remarquablement » et le remplace par « notablement », laisse subsister le second, remplace le troisième par « extraordinairement ». Il soupire de satisfaction à avoir ainsi amélioré son texte et ménagé une progression dans l'intensité. Sur sa lancée, il se met à chercher toutes les répétitions. Il en vient à être choqué par deux « semblable » séparés de sept pages. Il en biffe un, écrit « identique » à la place. L'ordinateur signale alors que « identique » apparaît trois fois en quinze pages. Doit-on considérer cela comme une répétition ? L'ordinateur ne le dit pas. Las de substituer les uns aux autres « semblable », « identique », « pareil », l'écrivain, à court de mots, finit par hasarder « kif-kif ». Est-ce une façon habile de réveiller l'intérêt, ou une familiarité déplacée ? L'ordinateur ne le dit pas non plus. Affres.

Soudain, l'auteur se ressaisit. Le livre électronique ne s'est pas répandu. Ouf ! Si, par malheur, les lecteurs prennent un jour l'habitude de lire sur écran, ils pourront dépister toutes les répétitions, y eût-il plus de cent pages entre deux occurrences d'un même mot. Plus aucune écriture ne sera possible tant que l'interdit de la répétition n'aura pas été levé. Nous n'en sommes pas là. Pour l'instant, le lecteur lit sur papier et il a la mémoire courte. « Joie, joie, joie, pleurs de joie », murmure alors l'écrivain à la suite de Pascal. Tiens ! Pascal n'a pas craint de se répéter quatre fois dans une phrase de six mots.

Et l'écrivain de rétablir les trois « remarquablement » initiaux.

Contrairement aux spécialistes d'autres disciplines, les mathématiciens français peuvent écrire dans leur propre langue sans que cela nuise à leur réception internationale. Comment expliquer cette heureuse particularité ? La réponse faite habituellement est que l'école mathématique française, excellente et prestigieuse, est assez solide pour les autoriser à prendre un tel parti. Laurent Lafforgue, lauréat en 2002 de la médaille Fields, prend cette idée à contre-pied. Il est bien possible que les choses aillent dans le sens inverse. C'est parce que nombre d'entre eux écrivent en français que les mathématiciens français réussissent. Ils n'adoptent pas l'état d'esprit de vassaux qui se soumettent à la domination d'une langue étrangère, mais revendiquent et assument une originalité finalement créatrice.

Or il y a des liens entre l'amour de la langue et la pensée mathématique. Laurent Lafforgue en perçoit au moins deux. Comment s'est-il initié à la beauté, cette boussole si précieuse et si chère aux mathématiciens dans leur travail ? En lisant, lorsqu'il était lycéen, force romans russes et français. La littérature, qui a éduqué son goût pour la beauté, exerce ainsi une influence intime sur les mathématiques. Et où Laurent Lafforgue a-t-il appris l'énergie ? Également dans la littérature. Écrire 200 pages de mathématiques est difficile, certes, mais quand on songe à l'énergie qu'il a dû falloir à Balzac pour écrire les vingt ou trente mille pages de la *Comédie humaine*, on n'a plus le droit de se laisser décourager ! (D'après une conférence de Laurent Lafforgue, ministère de la Recherche, Paris, octobre 2002.)

L'éléphant barrit, le chameau blatère, l'oie cacarde, la perdrix cacabe, le hibou hulule, le renard glapit, la cigale stridule, le crapaud coasse, le corbeau croasse, le jars jargonne, le geai jase, la colombe roucoule, le tigre feule, le lion rugit, la poule caquète, le chien aboie, le chat miaule, le cheval hennit, l'âne brait…

L'homme pense.

Quoique décrié, l'anachronisme est indispensable. Il est à la pensée ce que le couteau suisse est au bricolage : un outil universel. Il peut servir de procédé comique, comme dans la chanson où, devant le diplodocus en rage, l'homme de Cro-Magnon dit sa hâte qu'on invente le fusil. Mais il permet aussi de méditer sur la fragilité des projets humains, par exemple quand on essaie d'imaginer la réaction que Marx aurait eue s'il s'était douté de la façon dont il serait lu par Staline. Il peut aider à surmonter une angoisse : quel conseil mon pauvre père me donnerait-il s'il me voyait dans la situation où je me trouve ? Et ainsi de suite. Chanter toutes les vertus de l'anachronisme serait sans fin.

Curieusement, on ne parle jamais d'anatopisme sauf, en psychiatrie, pour désigner les troubles spécifiques aux personnes déracinées. Pourtant, un anatopisme – qui serait à la géographie ce que l'anachronisme est à l'histoire – serait un bel outil, lui aussi. Procédé comique : le seul danger, quand on voyage au Sahara, est de se laisser surprendre par une attaque d'ours blancs. Façon de réfléchir à la relativité des rêves et des entreprises humaines : du haut de la Tour Eiffel, on voit toute la Cité Interdite (comprendre : à quoi tient qu'une civilisation fasse tant d'efforts pour construire ceci plutôt que pour construire cela ?). Vertige métaphysique : à quel âge Rimbaud aurait-il cessé d'écrire s'il était né non en Ardennes mais en Ardèche ? Et ainsi de suite. Chanter toutes les vertus de l'anatopisme serait sans fin.

Lorsqu'on écarte quelque avertissement alarmiste d'un économiste en disant que, de toutes façons, les experts en son genre font toujours des prévisions fausses, l'économiste, en général, ne s'offusque pas. Il répond que c'est son rôle de se tromper : en pointant un danger, il permet de l'éviter.

Que cette réponse est confortable ! Moi aussi, alors, je puis me targuer d'être expert en économie. Car, moi aussi, je puis faire une prévision économique qui ne se réalisera pas. Voici. Une longue et sérieuse étude, que j'ai menée, laisse craindre que, demain, on rase gratis. Or, selon la longue et sérieuse étude que j'ai menée, ce sera une catastrophe. En effet, la gratuité du rasage entraînera la ruine des coiffeurs, d'où celle des marchands de ciseaux et de lames de rasoirs qui les équipent, donc, plus généralement, celle des fabricants d'armes et, finalement, la déconfiture de toute l'économie nationale. Conclusion. Si, demain, on continue de faire payer le rasage, ce sera grâce à ma prévision, qui a permis de déjouer un danger grave.

Exercice. Donner un critère pour distinguer entre, d'une part, une prévision fiable, quoique destinée à ne jamais se réaliser, et, d'autre part, n'importe quelle bêtise dite sans réfléchir et qui, elle non plus, ne se réalisera pas. Muni de ce critère, peut-on déterminer si je suis économiste ou non ?

Tétrathiatulvalène, tétracyanoquinone… Certains reprochent à la science moderne d'employer des mots inélégants. Ils en déduisent que notre époque a perdu le charme poétique des anciennes. Procès injuste ! Les mots n'ont ni beauté ni laideur intrinsèque. La poésie n'est pas en eux, mais dans les têtes. Des termes comme mâchicoulis ou échauguette, par exemple, nous font rêver au temps merveilleux où la belle éplorée était sauvée du donjon par un preux chevalier. Pour nous, ils ont de la poésie. Mais, pour les contemporains, ils devaient être aussi affreux que les horreurs commises par la soldatesque depuis les lieux qu'ils désignent.

Si, à l'instar de polygone ou de diagonale, antigone était un terme de trigonométrie, les lettrés s'affligeraient de sa laideur. Si Hélianthine était le nom d'une héroïne grecque au lieu d'être celui d'un produit chimique, ils le trouveraient très poétique, et Lamartine n'aurait pas manqué de le faire rimer avec « chaste poitrine ».

L'ombre finit toujours par gagner et, avec elle, le champ ouvert à l'invention poétique. Le jour viendra où nos mœurs seront nimbées de mystère. La tétrathiatulvalène et la tétracyanoquinone paraîtront aussi vieillottes que l'échauguette et le mâchicoulis. Une fois oublié leur sens, ces mots laisseront libre cours à l'imagination. Alors, songeant à notre époque comme à celle de la tétrathiatulvalène et de la tétracyanoquinone, nos descendants y trouveront je ne sais quelle imprévisible magie dont ils s'enchanteront : « Quelle force d'évocation poétique ont les mots qu'employaient les hommes au XXIe siècle ! »

La parole fait parler. Le nombre de verbes désignant une façon de parler est impressionnant. Discuter, tchatcher, déclarer, déclamer, converser, s'entretenir, s'aboucher, prendre langue, laïusser, raconter, négocier, exposer, jaspiner, bavarder, blablater, affirmer, ronchonner, baratiner, grommeler… S'ajoutent les nuances, depuis le pianissimo (murmurer, chuchoter, susurrer) jusqu'au fortissimo (crier, gueuler, s'égosiller, s'époumoner). On peut aussi chanter, moduler, roucouler - et brailler. Cela ne suffisant pas, presque tous les cris d'animaux s'appliquent, péjorativement en général, aux hommes (rugir, hennir, coasser, jaser)… Phénomène révélateur, il n'y a pas de terme spécifique unique pour désigner le cri de l'animal le plus proche de l'homme : le singe. Enfin, quand on a le talent de San Antonio, on peut, le contexte aidant, utiliser n'importe quel verbe du lexique, et faire entendre au lecteur qu'il signifie « parler » – avec toutes les nuances imaginables.

Tant et tant de termes pour désigner les diverses façons de faire passer un peu d'air sonore par nos cordes vocales : quels intarissables moulins à paroles nous sommes !

Lorsque l'Allemagne proclama le *Kriegsgefahrzustand*, en juillet 1914, la France vit là une preuve supplémentaire de sa barbarie. Ce mot, outre qu'il est imprononçable, doit être compris en partant de la fin ! En effet, il est obtenu en concaténant trois éléments qui veulent dire, successivement : guerre, danger, état. Or le mot ne signifie pas guerre du danger de l'état, mais état de danger de guerre.

Aujourd'hui, réconciliation oblige, la France pratique aussi la concaténation, et j'ai entendu parler d'une étudiante qui fait une thèse dans le domaine de – je cite – la psychoneurobiochimie cognitive. Ce terme imposant vaut bien le *Kriegsgefahrzustand*, tout en promettant moins de malheurs. Le seul ennui est que les Français ne savent pas par quel bout le prendre. Normalement, on va du début vers la fin : un ticket-restaurant est un ticket de restaurant, non un restaurant de ticket ; en ce cas, la psychoneurobiochimie cognitive est la psychologie de la neurologie de la biologie de la chimie cognitive. Mais il arrive qu'on aille de la fin vers le début : un webmestre est un maître du web, non un web de maître, de même que la biologie est la science de la vie, non la vie de la science ; en ce cas, la psychoneurobiochimie cognitive est la chimie de la biologie de la neurologie de la psychologie cognitive.

Dire « psychoneurobiochimie cognitive » évite certes la cascade de « de » de Flaubert abhorrée. Seulement, c'est une expression à double sens, ce qui est intolérable en science. Il faut donc rétablir les « de ». Si les deux spécialités inverses l'une de l'autre que nous venons de mettre en évidence organisent un congrès interdisciplinaire - de psychoneurobioneuropsychochimie cognitive – qu'elles n'hésitent pas à recourir à tous les « de » voulus. Le génie de la langue française est en eux, pas dans la concaténation.

Considérons les deux phrases suivantes :

1) Les tremblements de terre sont rares en France.

2) Les pagodes sont rares en France.

Ces phrases sont correctes et claires. En outre, elles sont vraies, mais, exceptionnellement, ce n'est pas ce qui m'intéresse ici.

Voyons maintenant comment remplacer l'adjectif « rare » par l'adverbe « rarement ». La première phrase devient : « Il y a rarement des tremblements de terre en France », et ne pose aucune difficulté. Mais la seconde devient : « Il y a rarement des pagodes en France », ce qui est incompréhensible. L'adjectif « rare » s'applique indifféremment à l'espace ou au temps. L'adverbe « rarement » ne peut s'appliquer qu'au temps, pas à l'espace. Le couple fréquent/fréquemment présente la même incohérence. Comment expliquer ce phénomène langagier ?

Si on autorise les considérations psychologiques à interférer avec la logique, la collection de phrases auto-contradictoires s'élargit merveilleusement. Voici des exemples.

Un interviewé déclare : « Je suis modeste », ou : « Il faut rester modeste. » Pareille proclamation est l'indice presque infaillible qu'il est prétentieux. Il se présente comme modeste parce que c'est bien vu. Mais s'il l'était vraiment, ses interlocuteurs s'en rendraient compte. Dire : « Je suis modeste », c'est prouver qu'on ne l'est pas.

Second exemple. Face à une situation périlleuse, certains essaient de se rassurer en disant : « Le pire n'est pas toujours sûr. » Or l'incertitude est le pire des maux ! Elle est pire que la survenue du malheur redouté, laquelle nous soulage car nous passons alors de la crainte à l'espoir.

Troisième exemple. Quelqu'un dit : « Je suis peu sûr de moi. » Voilà la preuve que cette personne est sûre d'elle. Car elle ose avouer ce que beaucoup de gens ressentent comme une faiblesse personnelle, et tentent donc de cacher.

Il y a aussi le « paradoxe du sincère ». Un homme qui jure ses grands dieux : « Si, si, je vous promets, ce que je vous dis est vrai, absolument vrai » est bien souvent en train de mentir et d'essayer de faire passer son bobard en répétant sur tous les tons que ce n'en est pas un.

Tant et tant d'exemples ? C'est à croire que, en psychologie, toute affirmation est auto-contradictoire.

Dans la célèbre tirade du second acte, scène neuf, Cyrano de Bergerac, sans cesse interrompu par Christian de Neuvillette, essaie de décrire sa lutte contre cent braillards avinés « qui puaient à plein nez l'oignon et la litharge ». Admirons le courage de Cyrano, mais n'omettons pas pour autant de nous renseigner. La litharge est un oxyde de plomb, lequel – selon un collègue chimiste tout réjoui devant la bourde commise par Edmond Rostand – est parfaitement inodore ! Le public, de nos jours, rend les chimistes responsables de tous les péchés contre l'écologie. Voici donc au moins un domaine où ils pourraient s'employer et où personne ne pourrait les accuser de dégrader l'environnement : la détection fine des inexactitudes scientifiques chez les écrivains.

Maintenant que nous avons ri, continuons de nous renseigner. Le rire pourrait bien changer de cible. La litharge, en effet, a servi à falsifier des vins. Nul doute que ces derniers ne donnaient pas l'haleine fraîche. L'expression « puer la litharge » signifierait donc puer le picrate, et relèverait d'une figure de style tout à fait classique – celle, je crois, de la métonymie. Rions à nouveau, mais cette fois rions devant ce chimiste qui n'a pas étudié les tropes !

Dans le même acte, scène dix, Rostand se livre à une facétie qui m'a toujours troublé. Christian ayant déclaré : « Las ! je suis sot à m'en tuer de honte », Cyrano lui répond : « Mais non, tu ne l'es pas, puisque tu t'en rends compte. » Il y a dans cette réponse une vérité psychologique indiscutable, mais également une difficulté logique redoutable ! Cette fois, c'est aux logiciens de s'attaquer au problème, de le résoudre, et de me dire enfin si Christian est sot. Et pas de logique floue, s'il vous plaît. C'est oui, ou c'est non.

L'effet papillon existe-t-il ? Le battement d'ailes d'un papillon au Brésil peut-il vraiment déclencher une tornade au Texas ? Ou, pour poser la question de façon moins imagée, un événement infime peut-il avoir des conséquences démesurées ?

La réponse est : oui, bien sûr. L'effet papillon est sa propre preuve ! Voici en quoi. L'image de l'effet papillon a été employée, à la va-vite, lors d'une conférence en 1972. Rien ne laissait prévoir qu'elle connaîtrait l'énorme succès qui est le sien aujourd'hui. Elle aurait dû rester une simple image, née d'une inspiration soudaine et destinée à distraire un instant les auditeurs d'une conférence. Au lieu de cela, elle a été reprise et citée si souvent qu'elle a acquis les apparences d'une vérité scientifique irréfutable. Quiconque se pique d'écrire ou de penser doit se montrer conscient de l'effet papillon et soucieux de ses conséquences parfois dramatiques. Nul ne peut plus faire comme s'il n'existait pas. Il a pris les proportions gigantesques d'un mouvement d'idée, influençant tant des philosophes que des décideurs.

L'effet papillon se démontre lui-même !

Si vous broyez du noir, lisez donc *Mourir aujourd'hui.* Ce livre collectif consacré aux nouveaux rites funéraires (Marie-Frédérique Bacqué, dir., éditions Odile Jacob, 1997) a de quoi chasser toutes les idées sombres : il est bourré de facéties. Involontaires, bien sûr. Sur tout autre sujet, elles passeraient inaperçues. Mais il s'agit de la mort, et la mort ne souffre pas la médiocrité... Voici quelques échantillons.

« On prend conscience de l'importance accordée par notre société à la question vitale *(sic)* du droit aux obsèques pour tous » (p. 58). Un autre maladroit écrit, p. 226 : « Aujourd'hui, on n'a plus peur de la mort ». Ne vous réjouissez pas trop vite ! Cela ne signifie pas qu'on a cessé de craindre la mort (plût au Ciel...), mais qu'elle n'est plus un sujet tabou – affirmation qui, d'ailleurs, reste à prouver. « D'une manière générale, l'image des professionnels du funéraire dans l'opinion n'est pas bonne » écrit un de ces professionnels, p. 22. Cela a l'air de l'étonner. En tous cas, cela l'attriste : « Cette réalité n'est pas une fatalité » affirme-t-il, affichant l'optimisme de bon aloi propre aux cadres dynamiques. Citons une dernière perle et tenons-nous en là, car l'abus est dangereux pour la santé. Il s'agit d'un jeu de mots qui vraiment n'était pas gagné d'avance, mais qui est brillamment réussi p. 60. L'auteur de cette page constate que les professionnels du funéraire s'expriment peu : « Le funéraire est une profession tue » écrit-il.

Devinette. Un lion marche dans la savane. Par hasard, son chemin vient à croiser celui d'une antilope. Que se passe-t-il ?

Réponse. Rien.

Ce que je dis là n'est pas pour avoir assisté à la scène, mais pour en croire un livre d'Yves Christen, *Le peuple léopard* (Michalon, 2000). En effet, l'antilope court plus vite que le lion. Le lion sait que, s'il attaque, il perdra son énergie sans aucune chance d'attraper sa proie. Et l'antilope sait que le lion le sait. Elle se contente d'émettre un cri d'alarme. Le cas échéant, même, elle continue de brouter sous les yeux du lion. Renoncer à son repas serait stupide et périlleux – affamé, on court moins vite – alors qu'un lion repéré par elle n'est pas un danger. Elle sait jusqu'à quelle distance elle peut le laisser approcher. Un fauve ne peut déguster une antilope bien fraîche que s'il la surprend. Selon Yves Christen, les calculs et les supputations des intentions de l'autre exigés par la chasse – de la part du prédateur comme de la part de la proie – sont une preuve éclatante de l'intelligence animale.

Pour peu que l'humour de chambrée ne vous dégoûte pas, voici un paradoxe de physique sur lequel je vous propose de réfléchir.

Imaginons un pays chaud, très chaud, et, dans ce pays, un baraquement en plein soleil. Supposons que, à l'intérieur du baraquement, la température atteigne 40 degrés. Un bon moyen, alors, de rafraîchir l'atmosphère dans le baraquement est d'y entasser le plus grand nombre possible d'hommes : leur température étant de 37 degrés, ils jouent le rôle de source froide.

Je n'ai pas fait l'expérience, mais quelque chose me dit qu'elle ne donnerait pas le résultat prévu ci-dessus. Qu'est-ce donc qui cloche dans le raisonnement ?

La soustraction étant complémentaire de l'addition, ces deux opérations reviennent finalement au même. Recourir à l'une plutôt qu'à l'autre est une simple question de goût. Voici un exemple. Imaginons une soirée. Tout en s'activant aux préparatifs, les hôtes comptent le nombre d'invités. Ils procèdent par addition, en s'y perdant un peu bien sûr : il y aura les Untel avec leurs deux enfants, plus les Untel avec un enfant, plus Untel, etc. Ils trouveraient exactement le même résultat en partant du nombre total d'hommes vivant sur terre, et en en soustrayant le nombre de gens qui ne sont pas invités à la soirée.

Ce qui précède n'est pas qu'une plaisanterie. Dans certaines affaires criminelles, on a vu la justice agir de la sorte, ou presque, lorsque, incapable de trouver l'assassin, elle s'est résolue à faire subir systématiquement la recherche des empreintes génétiques à toute une population. Supposons que tous les tests soient négatifs et qu'il reste un seul individu non testé : c'est sûrement lui le coupable, mettons vite la main dessus.

Les techniques puissantes, aussi bien que les opérations élémentaires, sont utilisables de façon saugrenue.

Vous marchez sur les Champs-Elysées. Dans la foule qui déambule, vous croisez Dupont. Vous ne le connaissez pas, il ne vous connaît pas, tout est banal, rien ne se passe.

Vous marchez sur les Champs-Elysées. Dans la foule qui déambule, vous croisez Martin. Vous vous jetez dans les bras l'un de l'autre : « Toi ici ! Si je m'attendais à ça ! Depuis vingt ans que nous ne nous étions vus, quel hasard extraordinaire ! »

Étrange. La probabilité de croiser Dupont et celle de croiser Martin sont *a priori* égales. Or la première rencontre passe inaperçue, mais la seconde semble marquée par l'intervention inopinée du hasard, et surprend. La notion de hasard est subjective. Il n'y a de hasard qu'à partir du moment où un homme s'étonne.

La calvitie… Problème aussi vieux que les hommes, dont aucune lotion, fût-elle fille des ultimes découvertes de la biologie, ne parvient à triompher, la calvitie fut longtemps un défi majeur pour la science.

Le savant Cosinus, lui-même, échoua. Ne sachant pas résoudre le problème, il tenta de le dissimuler. Il étirait d'un bord à l'autre de son crâne chacun des rares cheveux qui y restaient en murmurant : « Je retiens un qui vaut dix. » Geste imité par un autre polytechnicien, Valéry Giscard d'Estaing. En vain. Ils ont eu beau faire, chacun sait que Cosinus et Giscard furent des chauves précoces.

Que ne se sont-ils inspirés d'Edgar Poe ! La bonne façon de cacher un objet est de l'exposer au vu et au su de tous. Personne, alors, n'y prête attention. L'actuelle vogue des crânes tondus n'est pas un mouvement de mode superficiel, mais une subtile mise en œuvre de cette vérité profonde : on ne dissimule jamais mieux qu'en montrant ostensiblement. De fait, quand vous croisez un crâne tondu, rien ne vous incite à songer : « Voici un jeune homme qui commence à sérieusement se dégarnir. »

Que tous les hommes se rasent la boule à zéro, et la calvitie aura disparu de la surface du globe !

Vous froissez de la tôle suite à un coup de volant malheureux en vous garant, par exemple. Vous êtes furieux contre vous-même. L'aimable garagiste, pour vous rasséréner, vous dit : « Allons, vous n'êtes pas le premier. »

Quand une mésaventure de ce genre m'arrive, la formule « Vous n'êtes pas le premier » a tendance à accroître ma fureur contre moi plutôt qu'à la diminuer. Pourquoi donc ? Pardi, c'est évident. Quelle que soit sa spécialité, un intellectuel n'a qu'un but : y être le premier – si ce n'est par l'antériorité, au moins par la qualité. S'entendre dire qu'il n'est pas le premier – fût-ce bien loin de sa spécialité – c'est se faire ramener brutalement au lot commun moutonnier. Double vexation : conduire comme un pied, et comme tout le monde !

Lorsque je serai agonisant, peut-être se trouvera-t-il une âme charitable pour murmurer à mon oreille : « Allons, allons, pas tant d'histoires ! Vous n'êtes pas le premier à qui ça arrive. » Hé bien, si cette constatation de bon sens m'aide à franchir le pas, j'en serai… le premier étonné !

Mille fois par jour, nous croisons un grand mystère : la tête d'autrui. Que se passe-t-il dedans ? Nul ne le sait sauf (et encore) son propriétaire. Une forme extrême de ce mystère est présentée par les gens qui racontent les aventures prodigieuses dont ils sont les héros. Les croire est difficile. Mais croire à l'existence de cette déviation bizarre, invraisemblable, qu'est la mythomanie est difficile aussi. Alors ?

Eh bien, un bref raisonnement de logique pure prouve sans conteste que la mythomanie existe. Voici.

Je prononce la phrase : « La mythomanie n'existe pas. » De deux choses l'une. Soit ma phrase est vraie. Par conséquent, les nombreux spécialistes de la mythomanie traitent d'une affection inventée par eux de toutes pièces. Ils sont donc mythomanes, preuve que la mythomanie existe. Soit ma phrase est fausse. Cela signifie que l'affirmation contraire est vraie, à savoir que la mythomanie existe. CQFD.

Les amateurs de logique se feront une joie d'observer que, si je dis au contraire : « La mythomanie existe », il suffit d'inverser le raisonnement précédent pour aboutir à la même conclusion : la mythomanie existe. En effet, soit ma phrase est vraie, ce qui prouve l'existence de la mythomanie. Soit elle est fausse, auquel cas je fais preuve de mythomanie en la prononçant. Là encore, CQFD.

Notre prochaine étape sera d'examiner si la logique pure permet également de soigner la mythomanie.

Quand on le lance en l'air, le chat retombe sur ses pattes. Un autre animal possède ce don : l'hippopotame. Curieusement – alors que l'aptitude du chat à retomber d'aplomb est bien connue – celle de l'hippopotame n'a jamais été mise en évidence. Peut-être vous demandez-vous alors comment je sais qu'il la possède. C'est pourtant simple : je le sais parce que c'est vrai ! Je n'ai pas besoin d'attendre la confirmation expérimentale. (C'est l'avantage d'être un théoricien.) Pourquoi personne n'a-t-il encore eu la curiosité de lancer un hippopotame, et de le voir se récupérer habilement sur ses pattes (c'est un beau spectacle) ? Sans doute les chercheurs craignent-ils que l'animal, retombant dans la boue qui lui sert d'habitat, ne les éclabousse.

Qui a le plus intérêt à ce qu'on enseigne la morale à l'école ? Les malfrats, évidemment. Certes, les gens de bien ne peuvent que souhaiter cet enseignement, parce que la plupart des enfants feront leurs les sains principes qui leur auront été inculqués et se conduiront correctement. Or cette heureuse situation a une conséquence moins heureuse : les quelques requins seront d'autant plus à l'aise pour attraper leurs victimes par surprise. En effet, moins les gens conçoivent qu'on ose mentir, plus il est facile de les duper ; plus ils sont convaincus que les promesses sont faites pour être tenues, plus il est facile d'obtenir d'eux ce qu'on veut au moyen d'engagements fallacieux, etc. En un mot : plus la morale est répandue, plus les rares immoraux ont de champ libre.

Lorsque, avec des trémolos dans la voix, un individu affirme qu'il faudrait enseigner plus de morale, on ne peut pas savoir si c'est un homme honnête qui parle, ou un bandit conscient de ses intérêts bien compris.

Depuis Orwell, on sait que « égal » peut signifier « supérieur » : « Tous les animaux sont égaux, mais certains sont plus égaux que d'autres » écrit-il dans *La ferme des animaux* pour caricaturer le système soviétique.

Voici maintenant un cas où « égal » signifie « inférieur ». Lors du vernissage d'une exposition, l'organisateur déclare, sur un ton mondain, à la veuve du peintre : « Votre époux avait un talent de portraitiste qui fait de lui l'égal des plus grands. » Aucun doute : si on n'est que l'égal des plus grands, c'est qu'on n'en est pas un.

Comment les mathématiciens font-ils pour croire que leur démarche est rigoureuse, alors que leur symbole favori, le signe =, signifie tout et son contraire !

Dans chacun de nos crânes, paraît-il, le nombre de neurones est plus grand que le nombre d'étoiles dans la Voie lactée. Même si cette constatation est vraie, elle n'en est pas moins stupide. La comparaison sur laquelle elle repose a aussi peu de sens que celle effectuée par Francis Galton entre le nombre de coups de pinceaux nécessaires au peintre qui faisait son portrait et le nombre de mouvements de la main nécessaires pour tricoter une paire de chaussettes. De telles comparaisons sont ineptes parce que, tout en mettant en lumière une corrélation ignorée, elles n'expliquent rien et ne cherchent pas à expliquer quoi que ce soit (Georges Waysand, *La contre-révolution scientifique*, Anthropos, 1974).

Les nombres donnent une apparence de raison à toute comparaison. C'est un piège qu'ils tendent. Quand la science se mêle de comparer ce qui n'est pas comparable, elle devient une pure et simple numérologie. Reconnaissons cependant une vertu aux comparaisons numériques abusives : elles permettent d'obtenir des résultats réjouissants. En voici quatre.

Il y a plus de personnes tuées par des hommes que de personnes tuées par des tigres. Donc prendre l'ascenseur en tête-à-tête avec un homme exige plus de courage que d'entrer dans la cage d'un tigre.

Le nombre de gens qui ont vu des soucoupes volantes et croient à leur existence est plus grand que le nombre de gens qui ont vu la démonstration par Wiles du théorème de Fermat et croient à sa validité. Donc l'existence des soucoupes volantes est mieux assurée que la vérité du théorème de Fermat.

On publie plus de mauvais romans que de bons. Autrement dit, l'offre de mauvais romans est supérieure à l'offre de bons. Or, dans notre régime libéral soumis aux lois du marché, l'offre répond à la demande. Donc la demande de mauvais romans est supérieure à la demande de bons.

Les assassinats commis par un familier de la victime sont plus nombreux que ceux commis par un inconnu. Donc partager son toit avec quelqu'un qu'on ne connaît pas est plus prudent que de le partager avec quelqu'un qu'on connaît.

Au cours du vingtième siècle, l'espérance de vie a beaucoup augmenté dans nos pays. Pendant ce même laps de temps, toutefois, l'espérance de mort est restée rigoureusement stable (100 %). Autrement dit, une importante variation de l'espérance de vie n'a pas eu la moindre incidence sur l'espérance de mort. Preuve qu'il n'y a aucune corrélation entre la vie et la mort, qui sont donc des variables indépendantes l'une de l'autre.

« La cause précède l'effet ». Cette idée, acceptée par le bon sens, trouble les savants. Les philosophes doutent de pouvoir l'étayer en général et dans l'abstrait. Les physiciens se demandent si, au niveau quantique, elle garde un sens… Il est pourtant inutile d'aller chercher loin pour trouver un contre-exemple qui la réfute. Que font l'artiste attelé à une œuvre censée lui survivre ou le dictateur bâtissant un empire éternel ; que font le riche laboureur parlant à ses enfants ou le bourgeois dictant son testament, sinon réagir à un événement qui ne s'est pas encore produit : leur future mort ? Une grande part de nos actions ne sont rien d'autre que des conséquences tirées par nous d'un fait dont nous ne savons ni quand ni comment il aura lieu.

La mort est donc une cause postérieure à l'effet – et parfois de très longtemps. Plus fort encore : lorsque la cause se produit, elle met fin à l'effet !

Voici une égalité numérique plus intéressante qu'il n'y paraît à première vue. On m'excusera de la citer en anglais. Elle m'y contraint, car elle est remarquable en ceci, justement, qu'elle est peut-être intraduisible :
eleven + two = twelve + one.

En français, nous pourrions certes traduire mot à mot :
onze + deux = douze + un,
mais nous serions obligés d'ajouter, en note, « jeu de lettres intraduisible en français ». En effet, cette traduction plate perd l'essentiel de l'original : outre son exactitude numérique, l'égalité anglaise est exacte littéralement. De part et d'autre du signe égal, les mêmes lettres sont employées ; les membres de gauche et de droite sont des anagrammes l'un de l'autre.

Autre traduction possible,
entrée + sortie = reine + rosette
est d'une parfaite fidélité à l'original en ce qui concerne la conservation des lettres mais, malheureusement, perd de vue la question des nombres et nous fait en outre frôler le non-sens, chose formellement déconseillée.

La traduction
six + douze = dix + seize
réalise l'exploit d'être à la fois à peu près exacte littéralement (le nombre de lettres est le même d'un membre à l'autre ; deux seulement sont changées, six restent invariantes) et à peu près exacte numériquement (en tant que petite vingtaine, 18 diffère peu de cette grosse vingtaine qu'est 26). Adoptons-la donc. Et si quelqu'un proteste contre notre façon d'additionner, nous nous... retrancherons derrière une célèbre maxime italienne, qui réussit presque la même conservation de lettres que l'égalité anglaise : traduttore = traditore.

La géographie malmenée par l'éloquence. Une habitante d'un pays touché par un froid exceptionnel, s'exclamait : « On se gèle, ici ! C'est le pôle Nord ! » Une formule plus vigoureuse aurait été : « On se gèle, ici ! C'est le pôle Sud ! », car le pôle Sud est plus froid que le Nord. Seulement, sous nos latitudes, qui dit Nord dit froid, qui dit Sud dit chaud, et la locutrice aurait eu l'impression d'affaiblir sa pensée.

La géographie malmenée par l'histoire. Les pays de l'Est ont disparu. Du moins, personne ne les appelle plus ainsi. Pourtant, ils existent encore et sont toujours à l'Est. C'est l'histoire qui a changé, pas la géographie.

La géographie malmenée par la logique. Dans une envolée érudite, un commentateur de radio notait que « le Brésil est un grand pays qui a des frontières avec tous ses voisins ». Remarque plus fine qu'elle n'en l'air. Grâce à elle, on peut différencier le Brésil de, par exemple, l'Australie : ce grand pays-là n'a de frontière avec aucun voisin. Mieux encore, la remarque peut servir de concept déclinable à l'infini. Renversée, elle permet d'atténuer des propos vexants : le Luxembourg est un pays infime, mais il n'en a pas moins des frontières avec tous ses voisins. Un autre renversement, et la tonalité change : la Suisse a des voisins à toutes ses frontières, c'est dire combien elle est menacée. Version anti-impérialiste : ivres de puissance, les États-Unis ne se reconnaissent aucune frontière, sinon avec la Lune. Version passéiste : l'URSS est devenue si gigantesque qu'elle a fini par ne même plus avoir de frontière avec elle-même. Version cafouillage : l'Europe saura quels sont ses voisins quand elle aura – enfin ! – décidé quelles sont ses frontières, elle saura quelles sont ses frontières quand elle aura – enfin ! – décidé quels sont ses voisins…

C'est une erreur d'avoir abandonné la notation des copies selon une échelle allant de 0 à 20 par quart de point. On ne peut guère imaginer système plus rationnel. Cette échelle fournit en effet 81 notes différentes possibles. Or 81, c'est 3 à la puissance 4. Voici donc comment corriger. Première étape : partager le paquet de copies en trois tas – les meilleures, les moyennes, les moins bonnes. Seconde étape : dans chacun des trois tas, réitérer la même opération. Par exemple, dans le tas des meilleures copies, faire un tas avec les meilleures parmi ces meilleures, un avec les moyennes, et un avec les moins bonnes. À l'issue de la seconde étape, le paquet initial est ainsi divisé en neuf sous-paquets. La troisième étape poursuit cette façon de faire, si naturelle, qui consiste à diviser un tas en 3 – les meilleures du tas, les moyennes, les moins bonnes ; d'où 27 sous-paquets. La même trichotomie, réalisée une quatrième et dernière fois, mène à 81 sous-paquets. Certains sous-paquets peuvent être vides, cela n'a aucune importance. Il ne reste plus qu'à procéder mécaniquement (c'est l'avantage de la méthode). Les copies se trouvant dans le tas des moins bonnes des moins bonnes des moins bonnes des moins bonnes obtiennent 0 ; celles se trouvant dans le tas des meilleures des moins bonnes des moins bonnes des moins bonnes obtiennent 1/4 ; et ainsi de suite par quart de point, jusqu'au tas des meilleures des meilleures des meilleures des meilleures, qui reçoivent un 20 sur 20 bien mérité.

Un professeur à l'aise devant les élèves se préoccupera-t-il beaucoup de l'état de la recherche en pédagogie ? Sans doute pas. Un comique habile à obtenir les rires de son auditoire ira-t-il étudier les savantes thèses sur l'humour ? C'est peu probable. Un homme serein face à la vie et à la mort ressentira-t-il le besoin de se plonger dans des traités de métaphysique ? On peut penser que non. Un amoureux comblé potassera-t-il les manuels enseignant l'art de séduire ? Il a mieux à faire.

On théorise quand ça coince, pas quand ça marche. Pour qu'un individu en vienne à vouloir assimiler les abstruses théories consacrées à telle ou telle pratique, il faut que celle-ci lui pose problème. Dépourvu de l'intuition qui facilite la progression, il ne peut acquérir la pratique qu'en étant encadré, appuyé sur des doctrines, soutenu par une abondance d'arguments. Pour lui, rien n'y coule de source. À la longue, toutefois, un phénomène paradoxal risque de se produire : sa maladresse peut l'amener à écrire à son tour, persuadé que la théorie qu'il s'est péniblement forgée au fil du temps doit aider le lecteur, puisque, à lui qui n'avait aucun don *a priori*, elle a permis, estime-t-il, d'améliorer sa pratique.

Ainsi naissent tant de théories proposées non par ceux dont l'intuition du sujet est la meilleure, mais par ceux qui, avec leurs béquilles, croient courir aussi vite que s'ils étaient nés avec de bonnes jambes.

Combien de temps dure un siècle ? Question plus délicate qu'il n'y paraît. Le cours d'histoire de Malet et Isaac (rééd. Marabout, 1997, p. 457) écrit : « C'est Voltaire qui, le premier, a employé l'expression "siècle de Louis XIV" en 1751. En fait, ce "siècle" ne compte que cinquante-quatre années (1661 - 1715). D'ailleurs, le "siècle d'Auguste" ne comprend que quarante-trois ans (29 av. J.-C. à 14 ap. J.-C.) et le "siècle de Périclès" encore moins (environ 450 à 429 av. J.-C.). »

Ajoutons que certains historiens – qui vont vite en besogne – considèrent que le XXe siècle, commencé en 1914, s'est achevé avec la chute du mur de Berlin en 1989 ; si on les suit, le XXe siècle a donc duré soixante-quinze ans. De Périclès à nos jours, nous disposons, pour une fois, de renseignements nombreux, fiables, et portant sur la longue durée. Une conclusion s'impose : la tendance lourde est à l'allongement de la durée des siècles. En savons-nous assez pour extrapoler, et déterminer dès aujourd'hui combien de temps durera le XXIe siècle ? D'autre part, l'occasion sera-t-elle donnée à l'humanité de connaître un siècle dont la durée s'exprimera par un nombre rond, par exemple pile cent ans ?

« Tu dois t'intéresser à la vie de la cité » dit l'éducation civique. Injonction noble ? Voire ! Si les hommes politiques nous la serinent, c'est pour que nous leur accordions plus d'importance qu'ils n'en méritent. Ils veulent nous enrôler de force.

Quiconque s'intéresse à la cité est soumis à des manipulations qu'il ne peut pas déjouer. L'information, en son ensemble, est récupérée et biaisée par des lobbys. Tout est enjeu possible, même l'idéalisme : s'il y a des lobbys du pétrole, de l'automobile, de l'armement, il y en a aussi de l'écologie et du pacifisme. Quelque discours sur la société qu'il adopte, l'individu ne sait pas de quelle propagande il se fait le vecteur inconscient. N'ayons pas la naïveté de penser qu'il lui suffit de dire vrai pour éviter d'être manipulé. Outre que les choses sont toujours trop embrouillées pour qu'il parvienne à démêler la vérité, cette dernière est de toutes façons prise, au même titre que le mensonge, dans le jeu des influences et des contre-influences. Les lobbys savent instrumentaliser à leur profit le vrai tout comme le faux. Voilà pourquoi l'homme de bien, c'est-à-dire l'homme responsable de ses propos, doit s'abstenir de prendre parti dans le débat public. Il doit même s'abstenir d'avoir la moindre opinion.

Faisons, en bons scientifiques, une expérience de pensée. Imaginons que personne ne s'intéresse à la vie de la cité. Dès que viendrait à l'esprit de quelque hurluberlu l'idée saugrenue de monter sur quelque estrade pour expliquer comme il faut gérer la cité, les autres hausseraient les épaules. « Je m'occupe de mes affaires, occupe-toi des tiennes. » Impossible, dans ces conditions, de pratiquer la démagogie électoraliste. Impossible de soulever les foules et de leur faire gober la moindre propagande ! Impossible de les faire marcher au rythme d'hymnes guerriers !

Je propose donc que le programme d'éducation civique se réduise à une leçon et une seule : « Tu dois te désintéresser de la vie de la cité. » À soutenir ce point de vue, on m'accusera de me laisser aller au plaisir facile du paradoxe. Admettons. Mais n'est-ce pas un paradoxe pire – et réel, lui – que de voir le monde aller si mal alors qu'il est peuplé de tant de bons citoyens conscients de leurs devoirs ?

L'étendue d'une fortune, la profondeur d'un puits, la taille d'une population, la surface d'un champ… L'idée de mesurer de telles grandeurs remonte, suivant l'expression consacrée, à la plus haute Antiquité. Voilà qui paraît naturel.

Voici maintenant qui paraît moins naturel : les premières tentatives de mesure de l'intelligence datent de la fin du XIXe siècle (*Qu'est-ce que la vie psychique ?*, Odile Jacob, 2002, p. 158). Quoi ? Depuis l'Antiquité jusqu'au XIXe siècle, personne n'a songé à mesurer l'intelligence ! Omission choquante ! Ce phénomène incroyable demande une explication. Deux hypothèses sont envisageables et deux seulement. Première hypothèse. Nos ancêtres, pendant des millénaires, ont vu l'intelligence humaine déployer ses prodiges mais, pendant des millénaires, il ne s'en est pas trouvé un seul pour avoir l'idée évidente de la mesurer. Cette hypothèse est injurieuse, elle revient à prendre nos ancêtres pour des imbéciles. Écartons-la résolument.

Il ne reste donc qu'une explication possible au fait que les mesures de l'intelligence sont apparues seulement à la fin du XIXe siècle : c'est tout simplement que l'intelligence elle-même est apparue à la fin du XIXe siècle et pas avant.

Tout le monde a ri de la plaisanterie d'Alphonse Allais se présentant comme champion olympique du millimètre lancé. La plaisanterie fait moins rire si nous songeons que, tous autant que nous sommes, nous sommes fils et filles d'un tel champion. Elle ne doit guère dépasser quelques millimètres, en effet, la distance parcourue par le spermatozoïde vainqueur de la course à l'ovule. Une si petite distance pour décider de qui va nous faire naître ? Voilà qui est humiliant ! Ça n'aurait pourtant rien coûté à la nature d'imposer un marathon pour sélectionner le spermatozoïde digne de nous engendrer.

Nous sommes le trophée promis au vainqueur (sûrement dopé, en outre) d'une infime compétition sportive – genre de trophée plus souvent en toc qu'en argent massif. Nous sommes bien peu de chose.

Faut-il réfléchir avant d'agir ? Non. Il faut réfléchir avant de réfléchir.

Certes, si j'agis sans réfléchir, je risque de perdre du temps et de l'argent, voire de manquer le coup que je visais. Cependant, si je réfléchis avant d'agir, je suis sûr de perdre du temps (celui de la réflexion) sans pour autant être sûr de trouver une solution à mon problème. Or réfléchir puis échouer, c'est connaître une déconfiture plus grave qu'échouer sans avoir réfléchi. En moyenne, sur des cas nombreux, l'homme réfléchi et l'impétueux subissent à peu près le même taux de déboires. « Un homme tirait au sort toutes ses décisions. Il ne lui arriva pas plus de mal qu'aux autres qui réfléchissent » (Valéry, *Tel Quel*, « Choses tues », VIII).

Avant de réfléchir avant d'agir, donc, il faut se demander si on est ou non dans un des cas (qui ne sont pas forcément les plus fréquents) où réfléchir avant d'agir sera fructueux. Mais, avant de tenter de résoudre cette dernière question, il faut évidemment se demander s'il sera fructueux de se l'être posée. Et ainsi de suite jusqu'à l'infini. Si on se met en tête de réfléchir avant d'agir, on n'en finit jamais.

Le concept d'optimisation recèle un piège. Avant de chercher à optimiser la procédure qu'on va suivre dans une situation donnée, il est indispensable de mener une étude prédisant si l'optimisation est vraiment susceptible de faire gagner quelque chose et, le cas échéant, combien. Mais, bien entendu, avant de faire cette étude, il est indispensable de prévoir si l'étude elle-même va valoir le coup. Etc, etc, etc.

Conclusion. Avant de se décider à réfléchir, il est sage… d'y réfléchir à deux fois.

Pour améliorer la précision avec laquelle on évalue une grandeur, une méthode éprouvée consiste à effectuer plusieurs mesures, puis à faire leur moyenne.

Exemple. Dans votre demi-insomnie, vous percevez vaguement la série de coups sonnés par un clocher lointain : cinq. Quelques instants après, comme il est d'usage, le clocher sonne une seconde volée ; vous recomptez les coups : quatre. Conclusion : il est très exactement quatre heures et demie.

Tâchez de vous rendormir.

« Sait-on que dans un plat chaque grain de riz a coûté un effort ? » (Roger Darrobers, *Proverbes chinois*, Seuil, 1996, p. 211). Pourtant, à coup sûr, quelques grains de riz vont être perdus, oubliés dans une assiette ou collés au fond de la casserole, qui n'avaient pas demandé moins d'effort que les autres.

La dernière goutte de vin, celle qui ne sortira jamais de la bouteille, rien ne la prédestinait à être la dernière, elle ne regorge pas de moins de saveurs et n'a pas demandé moins d'effort que celles qui ont été bues.

La miette qui, tombée à terre, n'est plus qu'une saleté, méritait encore le beau nom d'aliment, il y a un instant, car elle n'a pas été cuite avec moins de soin et n'a pas demandé moins d'effort que le pain dont elle s'est détachée.

Écrire une élégie sur ces « accidentés de la cuisine », malchanceux comme il y en a obligatoirement, qui n'ont démérité en rien, mais dont le hasard a fait des déchets – triste allégorie…

Une souris attrapée par un chat connaît-elle une mort naturelle ? Un dompteur déchiqueté par un tigre connaît-il une mort naturelle ?

Un mouton dégusté par un gastronome connaît-il une mort naturelle ? Un explorateur dévoré par une tribu anthropophage connaît-il une mort naturelle ?

Un escargot écrabouillé dans sa coquille connaît-il une mort naturelle ? Un homme écrasé par l'écroulement de sa maison connaît-il une mort naturelle ?

Un œuf d'oiseau éjecté à bas du nid par un coucou connaît-il une mort naturelle ? Un amant assassiné par un mari jaloux connaît-il une mort naturelle ?

« La vérité étant le plus précieux des biens, il faut en user avec modération et retenue. » J'ignore dans quel contexte le rabbin Schlomo Rosenbach a fait cette déclaration. Je suppose qu'il pensait à la vérité morale – et qu'il avait, en s'exprimant, un petit sourire amusé et ironique.

Pourtant, je me demande si les scientifiques ne devraient pas le prendre au sérieux. N'abuseraient-ils pas de la vérité ? Même à supposer que la moitié de leurs articles soient faux, il en reste des centaines, sinon des milliers, à paraître chaque jour et à être vrais. Tragiquement vrais, désespérément vrais, sans aucune chance d'être un jour réfutés ! C'est une overdose. Personne ne peut ingurgiter tout cela, et se faire une opinion éclairée sur la valeur et la portée de ces divers résultats. Qu'advient-il, alors ? La chance, le hasard, la mode, le bluff, l'habileté médiatique des auteurs se mettent à jouer un rôle prépondérant dans l'écho que reçoivent ou non leurs publications. À force de vérités, la vérité est devenue un critère secondaire.

L'abus de vérité est dangereux pour la pensée.

IMPRIM'VERT
Votre imprimeur agit pour l'environnement

Imprimé en France par Dumas-Titoulet Imprimeurs à Saint-Étienne
N° d'imprimeur : 45336 - N° d'édition : 00075086-01
Dépôt légal : mars 2007